# 共同体と共同善

# 共同体と共同善

## ―トマス・アクィナスの共同体論研究―

佐々木　亘著

知泉書館

野尻武敏先生に

# まえがき

本書は、神戸大学大学院経済学研究科へ、経済学博士の学位を請求した論文をもとにしている。共同体とは何であろうか。この問いは、「人間とは何か」という問いから必然的な仕方で導き出される。じっさい、人間はいつも何らかの共同体の一員である。共同体を離れて人間が生活することは、ほとんど不可能と言っても過言ではないであろう。人間は、その誕生の瞬間から、否、母親の胎にいる時から、すでに或る家の一部であり、或る村の一部であり、或る国の一部である。

これほどまでに、共同体の存在は自明のように想われるにもかかわらず、共同体の「存在」は我々にとって、決して単純に明らかではない。たしかに、我々は日本国という国家の一員である。アジアの一員でもある。地球全体の視点からは、人類の一員に他ならない。では、その「一員」という点に、我々は、いったいいかなる実存的な意味を見出しているのであろうか。

本書は、「共同体とは何か」という問いに対して、トマス・アクィナスに即して、可能な限り答えようとするものである。トマスが生きた十三世紀と現在とでは、もちろん、共同体のあり方そのものが多くの点で異なっている。「共同体とは何か」という問いは、我々にとって現在の切迫した問題である。しかるに、「今」の問題であるからこそ、その解答を過去に求めることは、正当で有効ではないであろうか。

今回の研究がどれだけその意図に迫っているか、と問うならば、全く恥じ入るばかりである。ただ、「能動と受動」という観点から、従来看過されがちであった点を、多少示すことができたのではないかと考えている。

二〇〇八年六月

佐々木　亘

# 目　次

## 第三部　共同体と自然法



## 第四部　共同体と正義



## 第五部　共同体と共同善

細目次

## 第二部　共同体と秩序

## 第三部　共同体と自然法

## 第四部　共同体と正義

## 第五部　共同体と共同善

# 共同体と共同善

――トマス・アクィナスの共同体論研究――

# 序　共同体とは何か

## 第一節　個の主権と共同体――共同体の前提

「人間」とは何であろうか。この問いに、トマス・アクィナスに即して、おもに「人間は自らのはたらきの主（dominus）である」という場合の「個の主権」という観点から、答えようと試みたものが、拙著『トマス・アクィナスの人間論―個としての人間の超越性―』である。人間は、「似姿（imago）」の超自然本性的な完全性へと至る可能性において「似姿としての主」であり[1]、自らを越えた完全性へと歩む者に他ならない[2]。

人間は、自らのはたらきの主としての「主権」に基づいて、より超越的な完全性へと方向づけられている[3]。そして、このような方向性に即して、「個としての人間の超越性」は解されなければならない。いかなる人間でも、人間である限り、自らの行為に関しては「はたらきの主としての主権」を有しており、かかる主権を有する限りにおいて、「個」として「超越的存在」なのである[4]。

したがって、「人間とは何か」を問う時、人間が何より「個的」で「超越的」であるということを出発点としなければならない。人間の真の尊厳は、かかる「個的超越性」に由来しており、この点が、共同体のあり方を考える上での前提であると考えられる[5]。すなわち、「共同体とは何か」を問うところの、その観点において、「個としての人間の超越性」は前提とされなければならないのであり、この前提を離れて共同体を問うことは、悪しき全体主義に通じる危険性を孕んでいる。

では、「人間が自らのはたらきの主である」ということは、そもそもどのようなことを意味しているのであろうか。トマスは主著である『神学大全』の第二部で[6]、「運動」という仕方で人間の倫理的な問題を扱っているが、その冒頭の個所である第二─一部第一問題第一項の主文で、次のように言っている。

人間によって為される行為の中で、人間である限りの人間に固有な行為だけが、本来的な意味で「人間的（humanus）」と言われる。しかるに、人間が他の非理性的被造物から異なっているのは、「自らのはたらきの主（suorum actuum dominus）」であるという点においてである。それゆえ、人間がその主であるところの行為が、本来、「人間的」と呼ばれる。さらに、人間は、「理性（ratio）」と「意志（voluntas）」によって自らのはたらきの主であるから、「自由意思（liberum arbitrium）」はまた、意志と理性の「機能（facultas）」であると言われている。それゆえ、本来的な意味で人間的と言われる行為は、「考量された意志から発出する（ex voluntate deliberata procedunt）」行為である。これに対して、何か他の行為が人間に適合するならば、たしかに「人間の行為（actio hominis）」と言われ得るが、人間である限りの人間の行為ではないので、本来、「人間的行為（actio humana）」ではない。ところで、或る「能力（potentia）」から発出する行為はすべて、能力の「対象（obiectum）」が有する「性格（ratio）」に即して、その能力から原因されることは明らかである。しかるに、意志の対象は、「目的（finis）」かつ「善（bonum）」である。それゆえ、すべての人間的行為は目的のためにあるものでなければならない[7]。

人間を他の非理性的な存在から区別する最大の特徴は、「自らのはたらきの主である」という点である。そして、理性によって考量された意志に基づく行為が、倫理的な意味で、「人間的行為」と位置づけられる[8]。すなわち、人間によって為される行為がすべて、「人間的行為」なのではない。不可抗力による行為など、自らの理性と意志に基づかないような行為は、人間である限りの人間に固有な行為ではないから、「人間の行為」であっても、本来的な意味での「人間的行為」とは呼ばれない[9]。倫理的な考察の対象となる人間的行為は、あくまで、「人間がその主である行為」である。そして、このような「主」としての地位は、自らの理性と意志に基づいている[10]。

その一方、視覚や聴覚において明らかなように、能力には特定の対象があり、その対象の側から現実化せしめられる。このため、「或る能力から発出する行為はすべて、能力の対象が有する性格に即して、その能力から原因されることは明らかである」。そして、意志の対象が「目的かつ善」であり、何らかの「善」を「目的」とすることで意志のはたらきは現実化されることになる[11]。

このように、意志のはたらきは、その対象である「目的かつ善」の側から具体的に原因づけられ、そこに「目的」や「善」の性格が何らかの仕方で見出されるところのものを、意志は欲求の対象とする[12]。したがって、「人間は、理性と意志によって自らのはたらきの主である」から、理性によって「考量された意志から発出する行為」である人間的行為はすべて、目的のために意志から発出する行為であり、「目的のためにあるものでなければならない[13]」。

## 第二節　人間の個別性と共同体――共同体の必要性

どのような状況であれ、人間が自らの理性と意志に基づいて行動する限り、そこに自らのはたらきに関する「主としての主権」が存している。しかし、意志の対象が目的であり、善であるから、その対象が有する「目的」や「善」としての性格に即して意志のはたらきは原因づけられる。それゆえ、人間がその主であるところの人間的行為そのものは、さらに「目的のために」という仕方で、意志の対象である「目的」の側から原因づけられて成立している。

しかるに、このような目的に即して成立するところの人間的行為は、構造的な仕方で、個別的な行為であると言わなければならない。人間がその主であるところの行為は、自らの理性と意志に基づく以上、他の行為から区別される自らに固有な行為として、すなわち「個別的な行為」として位置づけられる。人間は、一般的な意味でのはたらきではなく、「このはたらき」の、厳密には「これらのはたらき」の、「主」なのである。

したがって、自らのはたらきの主であるということからは、「行為の個別性」が帰結される。また、逆に、個別的な行為の主体として、自らのはたらきの主であるところの人間は、その主権に即して、「個別的な存在」でなければならない。自らの理性と意志によって為される様々な行為の一つ一つに対して、人間はその主として位置づけられる。(14)

「自らのはたらきの主」である人間は、「個別的な存在」である。人間が何を為すにせよ、その行為は最終的には個としての人間に帰せられる。いかなる集団的な行為であっても、そこにおける行為の一つ一つは「個的」であり、その結果、個人に責任等が帰せられることになる。自らの理性と意志に基づく「人間的行為」である限り、行為の倫理性は、行為者である個々の人間に帰せられなければならない。かかる「個別性」が、「個としての超越性」そのものの前提をなしている。

このように、人間は個別的で超越的な主権を有している。この点が、共同体のあり方を問う際の出発点となる。人間は、どのような共同体に属していようとも、かかる個別性と超越性を保持している。しかし、このことから、「人間は個別的で超越的であるから、単独で生きることができ、共同体を必要としない」ということや、「共同体を離れて単独で存在することが人間にとって本来的である」ということが帰結されるわけではない。じっさい、「人間とは何か」という問いに対して、「個」という観点から「個としての人間の超越性」という答えが出されるとしても、別の観点からは違った解答が出され得る。それは、「共同体的な動物」なり、「社会的な動物」という答えに他ならない。(15)

たしかに、「個」としての人間に着目するならば、そこに「自らのはたらきの主」としての「個別性」や「超越性」が第一に認められる。「単独者」としての地平は、トマスにおいても明らかである。しかし、人間の本性には、「社会性」や「共同体性」ともいうべき性格も見出されるのであり、人間はその具体的な生活を何らかの共同体の中で営んでいる。(16)共同を必要としないものは、野獣か神であるという、(17)アリストテレスの言葉を引くまでもなく、人間は共同体を必要としているのである。(18)

人間は、一方では個別的・超越的存在であるにもかかわらず、人間としての生活のために共同体を必要としており、その意味で、共同体を欲求している。この欲求は、人間が成長していく過程を思い浮かべるならば、ほとんど自然本性的なものであると言えよう。しかるに、個別的・超越的な存在である人間が、共同体を自然本性的に欲求し、必要としているということは、それ自体として或る種の「緊張関係」を示しているように思われる。

## 第三節　共同体への所属——個の位置

人間は、誰しも共同体を求め、必要としている。この限りにおいて、人間のうちには、「個的な性格」と「共同体的な性格」が認められると言えよう。(19) しかし、これらがいつも調和的であるわけではない。逆に、我々は、往々にしてこれらの性格の不調和に悩まされる。それは、一人の人間内部における対立であると同時に、共同体における個と個の対立や、個と共同体そのものの対立となり得るであろう。このようなことは、我々の日常生活のいろいろな局面で、現実に経験している。

じっさい、「個」か「共同体」か、というような対立的な状況は、現実的に珍しくはない。むしろ、人間は日常生活の様々な局面の中で、この問いの前に立たされている。たとえば、少子化のおもな原因とされる「非婚化・晩婚化」の問題も、年間三万人以上の自殺者を生み出し続けているという悲惨な実態も、巨視的に見るならば、この問いの延長線上に位置していると言えよう。人間が何らかの共同体に属しているとしても、その所属において、人間の個的な超越性が単純に否定されるわけではない。逆に、かかる超越性のゆえに、共同体への所属のあり方が大きな問題となる。

たしかに、我々は様々な「共同体」に属している。そして、「いかなる共同体に属しているか」という点が、個々の人間を具体的に規定する重要な要素となる。たとえば、「彼・彼女は誰か」という問いに対して、「理性的な本性を有する個的な実体である」のように答える人はいない。その人の個人的な性格等の特徴を加えるとしても、通常は、どこの出身であるとか、どこに勤めているとか、どういう家庭の一員であるとか、このような答え方をするであろう。そして、これらの答えは、いずれもその人が属する、あるいは属していた「共同体」に関するものである。

このように、いかなる共同体に属していたか、属しているか、さらに属するであろうかという点は、その人間にとって、いわば本質的なことがらである。じっさい、日本に生まれ育ち、日本人として日本語を用いて生活するということも、「日本国」という共同体において可能になる。

したがって、「人間とは何か」を正当な仕方で問うためには、「個としての人間の超越性」という観点だけでは不十分であり、そこに「共同体のあり方」や「個と共同体の関係」が問題とされなければならない。それは、個の運動に即した人間の個別性が、共同体において、どのような仕方で成立しているかという問題であると同時に、個別的で超越的な人間の集合体が、いかなる仕方で「共同体」となり得るか、という問題である。

人間は、個別的な存在であり、個として超越的であるにもかかわらず、何らかの共同体に属する一員である。家庭にせよ、学校にせよ、会社にせよ、そこに属するということは、何らかの仕方で自らがそこの「一部」、すなわち「一員」として位置づけられることを意味している。その結果、人間の個別的な主権を、共同体においてどのように位置づけていくかが、すなわち、その「所属」の仕方が、大きな問題となる。この問題は、人間としてのあり方そのものに根ざした根本的な問題なのである。

共同体を否定して自己の超越性に執着し、ひきこもることも、自己の超越性を否定して自己を共同体の中に埋没させようとすることも、正当な解答とは思われない。しかし、そのような事例には、枚挙に暇もないであろう。じっさい、自室に閉じこもって、積極的に社会的交渉を持とうとはしない、いわゆる「引きこもり」は、現代の日本において、一つの社会問題になっている。また、近年大きな問題となっている「いじめ」にしても、いじめる側の集団性の中に、この問題の深い根を見出すことができよう。個を共同体の中でどのように位置づけるかは、古くて新しい問題なのである。

## 第四節　共同体とは何か――本書の試み

人間は自己の超越性を保持しようとする一方、共同体を欲求している。では、そもそも、共同体とは何であろうか。たとえば、「家」という共同体の場合、厳密な意味で存在しているのは、個々の「家族」である。建物としての家は存在しているが、それは共同体の「場」であって、共同体そのものではない。空き家がいかに多く集まったとしても、現実的な意味での共同体を形成することはできない。

また、単なる人間の集合体が、そのまま共同体となるわけでもない。共同体であるためには、そこに何らかの「共通性」なり「共同性」が認められなければならないであろう。たとえ、地球上の人類が一つの共同体として捉えられるとしても、その場合、このことは単に「人間である」という意味での「共通性」だけではなく、人間としての生き方に係わるところの、何かより根源的な「共同性」に基づいて主張されるように思われる。

個々の人間は、各々が自らのはたらきの主であり、個として実在している。したがって、「共同体の存在」という場合、そこに厳密な意味で存在しているのは、個々の人間に他ならない。この限りにおいて、「共同体」とは、そこに含まれる個々の人間の実在性を前提にして存在している。

たしかに、共同体が何らかの仕方で「存在」しているとしても、その存在の次元は個としての人間の存在とは異なっていなければならない。そして、厳密な意味で存在し、実在するのは個としての人間であるから、共同体よりも個を優先させるような事態が可能になるとも言えよう。このような事態が人間にとって本来的であるとは思われない。「個の存在」と「共同体の存在」のいずれか一方を強調することは、どちらも、人間にとって自然本性的であるとは言えないであろう。いかに個としての超越性を強調しようとも、人間が共同体を必要としているという事実は動かないからである。

じっさい、人間の誕生から成人に至る過程を思い巡らすならば、人間という存在そのものが何らかの共同体において成立していると言わなければならない。狼少女の例を持ち出すまでもなく、人間が人間らしく生きていくためには、共同体は必要であり、その必要性は「必然的」である。[20]

その一方、共同体の個々人に対するこのような必然性は、現代の我々にとって、はたして自明なことがらであろうか。地域共同体の崩壊が叫ばれて、すでに久しくなっている。近年、離婚率の高さは特に顕著となっており、このことは「家庭」という共同体の崩壊過程として捉えることも可能であろう。筆者が係わった「食と心の教育の関連」という共同研究でも、「一人で食事をする」という「孤食」に対して、全体として抵抗感を減じる傾向にあり、このことが食意識などと連関していることが、或る程度明らかとなった。[21]

現在の日本において、共同体がどのように捉えられているかは、別途考察すべき重要な問題であり、今回の研究の範囲にはない。しかし、少なくとも、「全体である共同体よりも、部分である個々人を優先させよう」という姿勢なり傾向性を現在の様々な事象のうちに見出すことに、多くの困難は伴わないと言うことはできるであろう。

そのような事例を多く集めて、そこから現代の傾向性を分析することが、この研究の目的ではない。本書では、「個としての人間の超越性」を起点にして、トマスにおける共同体の意味を解明していきたい。しかし、この試みは、単にトマスの生きた時代における「共同体思想」を確認するだけに終わるものでもない。対象は十三世紀に生きたトマスのテキストであるとしても、考察の座標は「今」という場に他ならない。[22]したがって、この試みはまた、共同体に関する現在の様々な問題に対して、何らかの仕方で、その解決への見通しを探ることにもなるであろう。[23]

## 第五節　共同体への問い——本書の構成

人間は、自らのはたらきの主であり、かかる主権に即して「個としての超越性」が成立している。人間がどのような集団に属していようとも、この個的超越性が解消されることはない。人間が理性的な存在である限り、その理性的能力に即して自己の行為に対する主権は存しているからである。[24]したがって、このような超越性という観点からは、個としての人間のあり方が共同体において問われることになる。[25]

その一方、人間は自然本性的な仕方で共同体を必要としており、人間としての生活そのものは、共同体の中でのみ可能であるとも考えられる。じっさい、人間は生まれながらにして他者を必要としているのであり、共同体を離れて生きることは、不可能とも思われるほどの大きな困難が伴っている。

しかるに、人間が有する個的超越性のために、このような「共同体の必要性」が、個々人の営みの中で、自らをつねに共同体へと方向づけるとは限らない。人間が共同体を必要としているという事実と、人間が自らのはたらきに関して主権を有しているという事実との間には、或る種の距離が認められるであろう。

しかし、人間が共同体を自然本性的に必要としている以上、人間が人間らしく生きるためには、そして自己の幸福を真に追求するためには、何らかの仕方で自己の主権を共同体へと方向づける「特別な秩序づけ」が要求されるのではないだろうか。かりに、共同体への欲求が人間にとって自然本性的なものであったとしても、「個の超越性」を共同体の中に位置づける作業は、決して容易なものではない。

では、かかる「特別な秩序づけ」とは、いったい何を意味するのであろうか。「個」と「共同体」とは、そもそもどのような関係にあるのであろうか。そして、「個の超越性」と「共同体の必要性」は、本来、どのように調和し得るのであろうか。このような点を、以下の考察から明らかにしていきたい。

そこで、まず本書の第一部では、共同体と個の関係について、個の「運動」、「目的」、そして「習慣」という観点から論じていく(26)。一方、*Index Thomisticus*(27)によると、"communitas"に関しては、Primaで四八五、Alteraで一四、計四九九の用例が挙げられている。「共同体」を意味する場合は多いが、「共通性」を意味する用例も少なくない。特に、「ペルソナ（persona）」との関連で、両方の意味が重要になるであろう。

第二部では、「共同体」と訳される"communitas"の分析を手がかりに、共同体の「構造」を「秩序」という観点から探る。"communitas"の用例を分析することによって、「全体としての共同体の意味」、「共同体における完全性」、そして「共同体における秩序」を、それぞれトマスに即して明らかにすることができよう。

第三部では、個と共同体の関係を、「自然法」という観点から探る。「個の主権」とは、「目的への運動」に関する主権であって、その運動は様々な態勢づけを通じて現実化される。しかし、そこには善へと向かう方向性が認められ、その傾きに即して自然法は成立している。しかるに、人間の主権として、第一に考えられるのは「所有権」であるが、では自己に帰せられるべき「所有権」とは何であろうか。そもそも、自然法とは何を意味しているのであろうか。

第四部では、共同体における秩序づけに具体的に係わるところの「正義」について論じる。正義には、「一般的正義」と「特殊的正義」の区別があり、後者はさらに、「配分的正義」と「交換的正義」に区別される。共同体において、「一般的正義」と「特殊的正義」は、それぞれどのような仕方で係わっているのか。

第五部では、「個」をさらに「自己」と「他者」に区別し、「自己―他者―共同体」の有機的な関係を明確にする。かかる関係が、いかなる動的構造を有しているかを、「能動と受動」という観点から探り、「共同体」の意味を「共同善」との関係から明らかにしていきたい。

また、結論では、「人間論」、「自然法論」、そして「正義論」という観点から、トマスの共同体論が有する現代的な展望について論じていく。

# 第一部　共同体とペルソナ

# 第一章　個の運動と共同体

## 第一節　人間的行為と目的――目的の共通性

人間は、「個別的」で「超越的」であると同時に「共同体的」でもあり、共同体を必要としている。「個の超越性」と「共同体の必要性」とが、一人の人間のうちに、同時に成立しており、このため、共同体において個の超越性をどのように秩序づけるのか、逆に、個の超越性において共同体の必要性をいかに秩序づけるのかが、それぞれ大きな問題になる。人間が自然本性的な仕方で共同体を必要としている以上、この問題は、人間にとって個別的で本質的なものである。

では、「個の超越性」という点から「共同体の必要性」を基礎づけることは、そもそも可能なのであろうか。トマスによると、「人間的行為」とは、「人間がその主であるところの行為」であり、「人間は、理性と意志によって自らのはたらきの主である」から、「考量された意志から発出する行為は、本来的な意味で人間的と言われる」が、「意志の対象は、目的かつ善である」ゆえに、「すべての人間的行為は目的のためにあるものでなければならない」(1)。人間は、理性と意志によって自らの行為に関する主権を有しているが、その意志の対象が目的と善であり、何らかの善を目的として意志のはたらきは現実化される。このため、人間が主である「人間的行為」は、目的のために意志から発出する行為ということになる。

人間が自らのはたらきの主であるということが、その個的超越性に関する第一の根拠となっている。人間は、目的への運動において何らかの主権を有しており、この主権が運動における或る種の超越性を帰結する。それは、「自己の目的への運動において、人間は自らの意志によって動かされる」ということを端緒とするところの、超越性である。かくして、人間は、自らの理性と意志に基づく限り、「自らのはたらきの主」であり、「個別的」で「超越的」な存在なのである。

しかるに、かかる「超越性」は、すべて人間に適合するという意味では、「共通性」として捉えられる。すべての人間は、自らのはたらきの主であるという点で、共通しているからである。じっさい、理性的な存在である人間は、自らの理性と意志によって自己の行為に関する主権を有しており、この点においてすべての人間は共通している。そして、この主権は、「目的への運動」に係わっており、そのため、人間が主であるところの「人間的行為」は「目的のためにあるもの」として位置づけられる。

このように、「目的のために」という構造において、すべての人間は共通している。もっとも、もし目的が異なっているならば、この共通性は単なる「構造に関する共通性」にとどまる。それは、「同じはたらきの構造を有している」というような共通性であり、理性と意志によって自己の行為に関する主権を有するという「はたらきの構造」に関する共通性である。これに対し、もし同じ目的であれば、「運動に関する共通性」を意味することになる。それは、「同じ目的のために」という仕方で、はたらきの構造だけではなく、その方向性においても共通する場合である。

「共同体とは何か」という点は、これから解き明かしていかなければならない課題であるが、少なくとも「目的の共有」が共同体そのものを支えていると考えられる。すなわち、人間の集まりが、単なる集団ではなく、「共同体」として位置づけられるためには、そこに何らかの仕方で「同じ目的のために」という、「目的の共有」が見出されなければならないであろう。逆に、もし「目的の共有」が認められないならば、そこに行為の共通性を見出すことはできない。

さらに、「目的への運動に関する超越性」が、「共通の目的への運動」そのものを可能にするように思われる。じっさい、「目的への運動」が意志に基づいているからこそ、そこに何らかの「超越性」が認められ、その結果、「共通の目的への運動」が可能になると言えよう。そして、「運動に関する共通性」に即して、「共同体の必要性」は現実的に基礎づけられることになる。では、その場合の「共通の目的」とは、何を意味しているのであろうか。

## 第二節　究極目的への欲求――共同体の出発点

目的は意志の対象である。それゆえ、「共通の目的」が成立するためには、多くの人間の意志が同じ善を目的としなければならない。しかるに、トマスによると、「或るものに自然本性的な仕方で、そして不動な仕方で適合するものは、他のすべてのものにおける基礎であり根源」であるから、「意志は必然に基づいて至福である究極目的(ultimus finis)に密着していなければならない」[2]。

「究極目的」とは、意志に自然本性的かつ不動な仕方で適合する根源であり、意志は必然的な仕方で究極目的に密着している。すなわち、意志が何を欲求するにしても、その欲求の根底には「至福である究極目的への必然的欲求」が認められ、究極目的を欲求せずに何かを欲求することは、意志にとって原理的に不可能である[3]。

意志の対象は善であり目的であるが、意志のはたらきの根源には、至福である究極目的が必然的な仕方で認められる。至福であろうとすることを究極的な目的として、そこから意志のはたらきは現実化されるのである。[4] したがって、ちょうど人間的行為が目的のために成立している点において、すべての人間が共通しているように、かかる「究極目的」のうちに、何らかの共通性が見出されるのではないだろうか。トマスは、『神学大全』第二―一部第一問題第五項で、「一人の人間に複数の究極目的が存し得るか」を論じており、その主文で、一人の人間の意志が同時に種々異なったものへと、それらが究極目的であるように関係づけられることは不可能であるということを、三つの点から論証した後に、次のように言っている。

人間の究極目的は、端的な仕方で人類全体へと関係づけられているように、この人間の究極目的はこの人間へと関係づけられている。それゆえ、すべての人間には自然本性的な仕方で一つの究極目的が属しているように、この人間の意志は一つの究極目的において存立している。[5]

究極目的とは、意志のはたらきの根源として、意志によって第一に欲求されるところのものである。しかるに、もしこのような究極目的が複数存在するならば、その目的は「究極的」でないことになる。したがって、究極目的は一つでなければならない。さらに、このことは、「すべての人間がそこへと関係づけられる」という意味での「一」であると同時に、個々の人間においては、「この人間がそこへと関係づけられる」という意味での「一」でもあり得る。それゆえ、端的な仕方で究極目的が人類全体に関係しており、自然本性的な仕方ですべての人間に一つの究極目的が属しているように、この人間の究極目的はこの人間へと関係づけられ、この人間の意志は一つの究極目的において存立している[6]。

人間の意志は、究極目的への必然的な密着に基づいて、その対象である「目的かつ善」を欲求している。人間的行為とは、究極目的への必然的な欲求に即して、目的のために意志から発出する行為である。したがって、目的の共通性が「共同体の必要性」の前提とされるならば、かかる共通性は、究極的には、「至福である究極目的」のうちに認められなければならない[7]。「すべての人間には自然本性的な仕方で一つの究極目的が属している」ということは、「至福であろう」とする点で、すべての人間は一致していることを意味している。この限りにおいて、人類全体は一つの共同体のもとに捉えられ得るのである。

## 第三節　自己の運動における能動と受動――人間的行為の構造

「すべての人間には自然本性的な仕方で一つの究極目的が属している」という前提から進めるならば、「共同体の必要性」とは、このような究極目的への欲求に由来する「目的の共通性」に基づいていると言わなければならない。そして、「人間の究極目的は、端的な仕方で人類全体へと関係づけられている」以上、共同体であることの「必要性」は、或る種の「必然性」として解される。それは、意志の必然的欲求に起因するところの必然性である。

ところで人間的行為とは、「人間がその主であるところの行為」であるが、「主」という言葉は、トマスにおいて、単なる「能動性」を意味するわけではない。主であるということは、「僕（servus）」のような、自らの権力によって拘束される者との「関係」に基づいて成立している。それは、「能動と受動の関係」であり、「主によって、その命令に即して動かされるということが、僕に属する限り」、「隷属（servitus）と主権（dominium）の関係は、能動

（actio）と受動（passio）に基づいて確立される」[8]。

僕は、人間である限りは「自らのはたらきの主」であり、自己の行為に関する主権を有している。しかし、僕である限りは、「主によって、その命令に即して動かされるということ」が僕に属しており、僕のはたらきは、僕自身ではなく主の命令に基づいて拘束される。この場合、「命令によって動かす」という主のはたらきと、「命令によって動かされる」という僕のはたらきは、それぞれは別々のはたらきであるにもかかわらず、能動と受動に基づく一つのはたらきとして捉えられる。その結果、「隷属と主権の関係は、能動と受動に基づいて確立される」わけである。

このように、「主である」ということが僕との能動と受動の関係に基づいている以上、「はたらきの主」の場合も、そこにかかる能動と受動の関係が何らかの仕方で認められなければならない。人間は、「自らによって自らを動かす」という仕方で、目的へと向かっており、この「目的への運動」は、「動かす自己」と「動かされる自己」との区別に基づいて、「能動と受動の構造」のもとに、成立している。自らのはたらきに関する主権とは、「自らの意志によって動かされる」という「受動」に基づくところの、「能動性」を意味しており、自らのはたらきに関する主権は「自分自身を目的へと動かす」という運動に係わると考えられる[9]。

人間的行為には、「自らによって自らを動かす」という「能動と受動の構造」が認められ、人間的行為の個別性は、かかる構造に即して解される。じっさい、人間は理性と意志によって自らのはたらきの主であり、人間的行為は理性と意志という「能力」によって原因づけられる。そして、意志の対象が「目的」であり、人間的行為は、「目的のために」という仕方で、意志から原因づけられる。したがって、人間的行為の個別性とは、かかる「目的への運動」そのものの個別性を意味している。人間は、自らの主権のもとに、様々な、種々異なった仕方で、目的へと「自らによって自らを動かす」。それゆえ、人間が自らのはたらきの主である限りにおいて、このような能動と受動の構造に基づいて、人間には他に還元されない個別性が帰せられるのである。(10)

## 第四節　人間的行為の普遍性――目的における種

人間的行為の個別性は、目的への運動に即して、その能動と受動の構造に基づいて成立している。しかるに、かかる「能動と受動の構造」という点に、人間的行為の根源的な普遍性が成立していると言えよう。それは、「自らによって自らを動かす」という、目的への運動に関する普遍性である。さらに、このことは、人間的行為の構造そのものだけではなく、(11)人間的行為の性格そのものにも係わっている。すなわち、人間的行為の普遍的な性格が、「目的」の側から捉えられるわけである。トマスは、第二―一部第一問題第三項で、「人間的はたらきは目的から種（species）を受け取るか」を論じており、その主文で次のように言っている。

「人間的行為」は、「能動」という仕方で観られるにせよ、「受動」という仕方で観られるにせよ、いずれの仕方でも「目的」から「種」を獲得する。じっさい、人間的行為は、どちらの仕方でも観られ得るのであり、それはすなわち、人間が「自分自身を動かす（movet seipsum）」、そして、人間が「自分自身によって動かされる（movetur a seipso）」ということに基づいてである。しかるに、先に言われたように、行為は、考量された意志から発出する限りにおいて、「人間的」と言われる。さらに、意志の対象は「善」であり「目的」である。それゆえ、人間的である限りにおける人間的行為の「根源」が目的であることは明らかである。同様に、目的はかかる行為の「終局」でもある。なぜなら、それへと人間的行為が終極づけられるものは、意志が目的として意図するところのものに他ならないからである。[12]

個々の「運動」がどういう「種」に属しているかは、運動の「現実態」から決められる。しかるに、運動は「能動」と「受動」に分けて捉えられるから、運動の種的性格は、それぞれの現実態から決定される。そして、人間がその主であるところの人間的行為は、自分自身を目的へと動かすことによって成立しており、そこには、「自らを動かす」という「能動的な側面」と、「自らが動かされる」という「受動的な側面」の、両方が見出され得る。したがって、人間的行為は、「人間的行為を動かす根源としての目的」からも、「人間的行為がそれへと動かされる終局としての目的」からも、それぞれ「種」を獲得することになる。

「人間的行為が種を獲得する」ということは、「各々の行為がいかなる種に帰属せしめられるかという仕方で、それぞれ倫理的性格が確定する」ことを意味している。人間的行為の倫理性は、その行為が「如何なる目的から発せられたか」、そして、「如何なる結果を目的としているか」ということから決定されるのであり、「何を目的として動かし、動かされるか」という点に、人間の「倫理的地平」は広がっている。[13]

しかるに、このことは、人間的行為が「個」ではなく「種」という、より普遍的な次元で捉えられることから可能になると言えよう。たしかに、人間は自己のはたらきに関する主権を有しており、自体的・個別的・個的な仕方で目的へと自らを動かしている。この限りにおいて、いかなる人間的行為も個別的な仕方で成立している。しかし、運動そのものは「個的」であるとしても、その目的においては「種的」であり、たとえば「賞賛すべき」、「非難すべき」という仕方で、その倫理的性格が「種」において決められるのである。

したがって、人間的行為の普遍性は、その「目的」に即して捉えられる。人間的行為は、「人間が自分自身を動かす、そして、人間が自分自身によって動かされる」という運動を意味するが、この運動は「個別的」であるとしても、その行為が「どのような目的によって為されるか」、「どのような目的へと為されるか」という観点から捉えられる限り、何らかの仕方で「種的」なのであり、そこに倫理的な「普遍性」が認められる。

しかるに、この「普遍性」は、単に個人の次元だけではなく、共同体の次元においても成立していると言わなければならない。じっさい、人間的行為がいかなる種を獲得するかは、その行為者だけではなく、その人間が属する共同体においても、何らかの普遍的な意味を持つことになるであろう。むしろ、「賞賛すべき」、「非難すべき」という倫理的性格は、共同体との関係においてより明確に位置づけられる。いかなる目的を行為の根源とし、終局とするかということから、共同体への所属のあり方が問われるわけである。

# 第二章　個の習慣と共同体

## 第一節　目的への運動と共同体――運動の場と方向性

人間的行為は、「自らによって自らを目的へと動かす」という運動に基づいて成立している。その「運動」そのものは、まったく「個別的」である。その一方、目的そのものに関して、或る種の普遍性が見出される。それは、「人間的行為は、能動という仕方で観られるにせよ、受動という仕方で観られるにせよ、いずれの仕方でも目的から種を獲得する[1]」という仕方で、行為の倫理性が目的に即して種的に区別される限りにおける普遍性である。

どういう目的によって為されているか、何を目的として為されているか、という点から、人間的行為の倫理性は何らかの普遍性のもとに捉えられる。その結果、種々異なった行為を倫理的な観点のもとに分類することが可能になる。じっさいには様々な状況を考慮しなければならないとしても、倫理的な、あるいは法的な判断は、このような分類に基づいて可能になると言えよう。

このように、人間の個別性や超越性は、自らのはたらきに関する主権に即して捉えられる。その一方、その主権は目的への運動に係わっており、運動そのものは個別的であるが、「目的のために」という点で、すべての人間的行為は形式的に一致している。意志の対象が目的であるから、「すべての人間的行為は目的のためにあるもの」であり[2]、人間的行為は何らかの「善」を目的とすることから成立している。そして、人間的行為の種的な性格は、それによって動かされ、それへと動かすところの「目的」によって受け取られる。

しかるに、「意志は必然に基づいて至福である究極目的に密着」しており[3]、「この人間の意志は一つの究極目的においてて存立している」[4]。人間の意志は、究極目的への必然的な欲求に基づいてはたらくのであり、その究極目的は、原理的に「一」である。したがって、かかる「目的への運動」には、「究極目的への必然性」が認められ、この必然性のもとに目的への運動が成立していると言わなければならない。

では、自らのはたらきの主であるという場合の主権は、究極目的に対して、どのように関係づけられるのであろうか。この点に関して、トマスは次のように言っている。

我々は、これかあれかを選択することができるということに即して、我々のはたらきの主である。しかるに、『倫理学』第三巻で言われているように、「選択（electio）」は、「目的」ではなく「目的へのてだて」に係わる。それゆえ、究極目的への欲求は、我々がその主であることがらには属していない[5]。

人間的行為は、究極目的への必然的欲求に基づいて成立している。しかるに、人間的行為の種的性格は目的から受け取られるにもかかわらず、人間の主権は、目的ではなく、目的へのてだてに係わるところの選択を対象としている[6]。究極目的への欲求は、人間の主権の前提であるとしても、その対象ではない。じっさい、「意志は必然に基づいて至福である究極目的に密着していなければならない」。意志のはたらきは、究極目的への欲求に基づいて現実化される。「究極目的への密着」は、意志にとって、その本性に即した「自然本性的で絶対的な必然」であり、意志のはたらきそのものの前提をなしている。いかなる人間も、その人間的行為の根底には、究極目的への必然的な欲求が存しており、すべての人間は、究極目的への必然的な欲求において、一致している。

このように、人間は、理性と意志によって自らのはたらきに関する「主」であり、自らの行為をその主権のもとに方向づけることができる。(7) その一方、かかる主権そのものは、あくまで「究極目的への運動」を前提にしている。すなわち、人間は「自らによって自らを動かす」という仕方で、目的への運動に関する主権を有しているが、この「目的への運動」はさらに、「究極目的への運動」に基づいて成立している。

しかるに、「究極目的への運動」という観点から観られるならば、人間的行為を或る種の普遍性のもとに捉えることが可能になる。たしかに、いかなる目的によって、いかなる目的へと自らを動かすかという点では、自らのはたらきの主としての主権のもとにある以上、まったく個別的である。したがって、「究極目的への運動」のあり方そのものは、各々異なっている。しかしながら、「究極目的への必然的な密着」が意志のはたらきの根源であり、その終極であるという点で、すべての人間は一致している。

したがって、究極目的へと収斂する行為のあり方において、個々の人間的行為を或る種の普遍性のもとに捉えることが可能になる。共同体の必要性は、本来、このような人間的行為の普遍性に即して解されなければならないであろう。じっさい、個の超越性と共同体の必要性は、かかる普遍性において調和し得ると考えられる。

さらに、このような普遍性に基づく限り、共同体は、究極目的への運動が個別的に、そして普遍的に展開されるところの「場」として位置づけられるように思われる。そして、この「場」は、或る種の「方向性」のもとに捉えられよう。それは、「究極目的への方向性」に由来するところの、共通な目的への方向性に他ならない。目的の共通性が、共同体を成立せしめるわけである。

## 第二節　個と共同体の関係――究極目的への秩序

人間は、自らの理性と意志によって、自らのはたらきの主である。この限りにおいて、意志は、人間の個別性の根源である。その一方、究極目的への必然的な欲求において、すべての人間は共通している。じっさい、「人間の究極目的は、端的な仕方で人類全体へと関係づけられているように、この人間の究極目的はこの人間へと関係づけられている」[8]。

究極目的への欲求とは、意志のはたらきそのものに即して認められる「原初的」かつ「最終的」な欲求であると考えられる。すなわち、究極目的は、意志のはたらきの根源として、意志によって第一に欲求されるところのものであると同時に、そのはたらきがそこにおいて静止されるという仕方で、意志の欲求を究極的な仕方で満たすところのものとして、解することができよう。

しかるに、「すべての人間には自然本性的な仕方で一つの究極目的が属している」[9]という点に、個の意志と共同体との根本的な関係が示されているということが可能であろう。じっさい、究極目的とは、個々の人間の意志がそこにおいて「存立」するところの「根源」であると同時に、すべての人間の意志がそれへと自然本性的な仕方で関係づけられるところの「究極」に他ならない。

さらに、「究極目的」とは「至福」であるから、「すべての人間には自然本性的な仕方で一つの究極目的が属している」ということは、「すべての人間には、自然本性的な仕方で一つの至福が対応している」ということを意味することになる。そして、かかる「至福」が、究極的な意味での「共同善」として捉えられるであろう。それは、すべての人間に、自然本性的な仕方で属するところの、一つの究極目的としての至福である。[10]
ところで、人間は、究極目的への運動に即して、「主権を有する個」であると同時に、「共同体の一員」であり得る。すなわち、かかる運動に基づいて、人間はいかなる共同体にも還元されない個としての主権を有する一方、共同体への秩序づけそのものも、この運動によって可能になり、その結果、個と共同体が相互に有機的な仕方で関係づけられることになると言うことができるであろう。

このことはまた、人間が自らの至福へと個別的な仕方で向かうところの「運動」そのものが、普遍的な場である共同体において、本来、成立していることを意味しているように思われる。たしかに、「すべての人間には自然本性的な仕方で一つの究極目的が属している」ということから、究極目的は普遍性のもとに捉えられる。しかし、この「普遍性」は、人間的行為がそこから種を受け取るところの、目的における「普遍性」と次元がまったく異なっている。

なぜなら、究極目的とは、人間の意志が必然的な仕方で密着している根源である以上、人間的行為における必然的な普遍性として位置づけられるからである。それは、普遍的で必然的な「根源」であり、「終極」である。人間的行為は、かかる「必然的な根源」と「必然的な終極」の間に成立している。

これに対して、人間がそこから種を獲得するところの「目的」も、人間的行為の「根源」であり「終極」であるが、[11]その「種としての普遍性」は必然的ではない。何を目的とするかが「必然的」であるならば、人間的行為に倫理性を問うことは、そもそも不可能である。この意味で、人間の主権は、究極目的の必然性に基づくところの、非必然性の上に成立していると言えよう。

## 第三節　功徳と業障――部分としての行為

「個の超越性」と「共同体の必要性」とは、以上のような「必然性」と「非必然性」の関係から捉えられるのではないだろうか。共同体に属することが必然的であるとしても、人間の個別的な運動は、「必然的」であると同時に「非必然的」なのであり、その非必然性に、「主」であり「共同体の一員」である人間そのもののあり方がかかっている。

しかるに、人間は、生きていく上で共同体を必要としている。これは、「必要」というよりはむしろ「必然」である。共同体的な性格は、人間としての存在そのものに刻まれており、いかに「個としての人間」を強調するとしても、人間の個別的な活動は、何らかの仕方で、「共同体に属するはたらき」として位置づけることができる。じっさい、個々の人間は、人類という「種」に属する「個」なのである。

さらに、人間が自らのはたらきの主として為すところの個別的な行為そのものも、何らかの仕方で共同体へと結びつけられる。トマスは、『神学大全』第二―一部第二一問題第三項で「人間的行為は、それが善いないし悪い限りにおいて、功徳（meritum）や業障（demeritum）という性格を有するか」を論じており、その第二異論解答で次のように言っている。

人間は、自らのはたらきに関する主権を有しているが、その人間自身はさらに、「他者（alter）」に属する、すなわち、その「部分（pars）」であるところの「共同体」に属する限りにおいて、自らのはたらきが「善く」、ないし「悪しく」態勢づけられるに応じて、何か「功徳」に値したり「業障」に値したりする。それはちょうど、それに関して共同体へと奉仕すべきところの、自分に属する何か他のものを、善くないし悪しく処理する場合のようにである。(12)

人間は、自らのはたらきの主である。この場合の主権は、厳密には「目的へのてだてに関する選択」に係わっており、かかる選択を通じて、目的への運動を自らの主権において方向づけている。したがって、この主権に「他者」は第一義的には関係していない。主権の対象となるのは、あくまで「自らのはたらき」である。

しかるに、「人間的行為は、能動という仕方で観られるにせよ、受動という仕方で観られるにせよ、いずれの仕方でも目的から種を獲得する」。すなわち、人間的行為は、「自らによって自らを目的へと動かす」という「能動と受動」に基づいて成立しているが、その倫理的性格は、目的の側から、「種」の次元で確定される。かかる「倫理性」は、本来的には、そのはたらきの主である人間に帰せられる。しかし、人間が「その部分であるところの共同体に属する限りにおいて」は、他者や共同体への関係を前提にした「功徳」や「業障」という性格に達すると考えられる。

これまで、「共同体の必要性」に関して、いろいろと論じてきた。たしかに、「共同を必要としないものは、野獣か神である」(13)というように、共同体の存在は、人間にとって、自然本性的なものであると言えよう。そのため、「個の超越性」と「共同体の必要性」を調和させることが、究極目的への運動において、大きな問題になると考えられる。

しかるに、この個所によると、「人間自身はさらに、他者に属する、すなわち、その部分であるところの共同体に属する」わけである。ここにおいて、個である人間と共同体との関係は、明白に、「部分と全体の関係」として捉えられている。人間が共同体に属するということは、その共同体に対して、自らを「部分」として位置づけることに他ならないのである。

人間的行為は、あくまで「自己の行為」であり、「個別的な行為」である。しかし、個々の人間を「共同体の部分」として捉える限り、この「個別的な行為」は「部分としての行為」として位置づけられる。そして、部分である以上、いかにそれが個別的な行為であるとしても、その行為は共同体へと、あたかも他者に対するように関係づけられる。その結果、目的に即して捉えられるところの、「賞賛すべき」、「非難すべき」という人間的行為の種的な性格は、共同体との関係において、「功徳に値する」、「業障に値する」という正義の性格へと到達することになる。

したがって、人間が何を為そうとも、それが自らの理性と意志に基づく「人間的行為」である限り、共同体における「部分の行為」であり、そこで正義が問われる行為である。共同体の部分である以上、個の主権は、何らかの仕方で、共同体へと秩序づけられている。では、かかる秩序づけは、そもそもどのようにして現実化されるのであろうか。

## 第四節　個における習慣――活動への秩序

人間は、たしかに自己の行為に関して主権を有しており、自らの主権のもとに、自らを目的へと動かすという仕方で、その行為を方向づけることができる。しかし、行為を現実のものとするためには、「習慣（habitus）」が必要である。トマスは、習慣の「原因」について論じている『神学大全』第二―一部第五一問題の第二項主文で、次のように言っている。

「人間的行為」において明らかなように、そこに自らのはたらきに関する「能動と受動の根源」が存するところの、何らかの「能動者（agens）」が見出される。（中略）したがって、このようなはたらきに基づいて、能動者のうちに何らかの習慣が生ぜしめられ得るが、それは、「第一の能動的根源」に関してではなく、「動かされて動かすというはたらきの根源（principium actus quod movet motum）」に関してである。(14)

人間的行為とは「自らによって自らを動かす」ことから成立している以上、人間のうちには「能動と受動の根源」が存していなければならない。しかるに、習慣が形成されるのは、単なる「能動的な根源」ではなく、「動かされて動かすというはたらきの根源」に他ならない。そして、理性的な欲求である「意志」は、究極目的への必然的な欲求に基づいてはたらく一方、目的への欲求に即して、様々な仕方ではたらきへと秩序づけられることができる。このような非必然性が、人間的行為に関する倫理性の前提である。

しかし、様々な仕方で行為を秩序づけることができるという可能性だけでは、行為は何ら「現実化」しない。行為を確定するためには、具体的な結果へと自らを動かさなければならない。そして、そのためには、習慣による「態勢づけ」が必要である。

その限りにおいて、意志は、まさに、そのはたらきが成立する局面において、習慣による「態勢づけ」を受けることになる。(15)はたらきの主としての「主権」は、いわば構造的な仕方で、自らの本性の秩序づけに係わる習慣を必要としており、そのような習慣を通じて「具体化」されるわけである。[16]

習慣とは、人間的行為を具体的な仕方で方向づける「根源」である。しかも、単に行為の現実化に係わる根源ではなく、人間としての本性そのものに係わるところの「内的な根源」である。トマスは、第二―一部第四九問題第三項で「習慣ははたらきへの秩序を意味するか」を論じており、その主文で、次のように言っている。

習慣は事物の「本性（natura）」そのものへの秩序を意味するだけではなく、さらに帰結として「活動（operatio）」への秩序をも意味するのであり、それはすなわち、活動が本性の目的であり、目的へと導く限りにおいてである。[17]

習慣とは、事物の本性そのものに関する秩序づけを通じて、その基体を具体的な仕方で態勢づける「質」である。そして、何らかの本性とは、その活動を目的とし、その活動へと、すなわちその活動による結果へと終極づけるところのものであると考えられる。したがって、「事物の本性そのものへの秩序」を意味する習慣は、その「秩序」のうちに、帰結的な仕方で、活動への関連を意味することになる。[18]

このように、習慣とは、本性への秩序づけを通じて、はたらきへと態勢づける根源である。この限りにおいて、習慣が態勢づけるところのものは、それを基体とする個々の人間であり、その本性であり、活動である。たしかに、かかる態勢は、まったく個別的であるが、人間はその属する共同体に対して、「部分」として位置づけられている。

それゆえ、全体としての共同体という観点から捉えるならば、個別的な態勢づけとしての習慣はまた、何らかの仕方で、「全体への秩序」のもとに捉えられ得ることになるであろう。じっさい、人間が共同体の部分である限り、部分の行為を秩序づけるところの習慣は、或る意味で共同体全体に対する秩序づけに係わると考えられる。いずれにせよ、「その部分であるところの共同体に属する限りにおいて」、部分である人間と全体である共同体は、習慣を介して相互に秩序づけられると考えられよう。この意味で、習慣は、個としての人間のあり方だけではなく、共同体のあり方をも左右する、きわめて重要な要因となるのである。

# 第三章　共同体とペルソナ

## 第一節　主権とペルソナ――個の意味

「人間は、自らのはたらきに関する主権を有しているが、その人間自身はさらに、他者に属する、すなわち、その部分であるところの共同体に属する」(1)。個である人間は、共同体の「部分」であるから、共同体そのものは何らかの「全体」として位置づけられる。そのため、全体である共同体の中で、部分である個がどのように位置づけられるかが、大きな問題となるであろう。

ところで、先の引用においては、“communitas”を「共同体」と訳している。これ以後も、トマスの引用で「共同体」とされるのは、すべてこの“communitas”の翻訳である。しかしながら、“communitas”が「共通性」を意味する用例も少なくない。興味深いことに、「ペルソナ」との関連で用いられている用例が双方の場合に散見され、これらは“communitas”の理解にとって重要であるように思われる。じっさい、「ペルソナ」とは、“communitas”の対極に位置しているとも言えよう。

では、そもそも「ペルソナ」とは、いったい何を意味しているのであろうか。トマスは、『神学大全』第一部第二九問題第一項で、「理性的本性を有する個別実体（rationalis naturae individua substantia）」という「ペルソナの定義」について論じており、その主文で次のように言っている。

自らのはたらきの「主権（dominium）」を持ち、他のもののように単に動かされるだけではなく、「自体的な仕方で（per se）」はたらくところの、「理性的実体」においては、「個別的（particularis）」、「個的（individuus）」なものが、何らかの「より特別」、「より完全」な仕方で見出される。じっさい、諸行為は「単一者（singularia）」のうちに存する。それゆえ、他の諸実体の中で、理性的本性を持った単一者は、何らかの特別な「名（nomen）」を有している。そして、この名が「ペルソナ」である。(2)

「人間がその主であるところの行為が、本来、人間的と呼ばれ」、「人間は、理性と意志によって自らのはたらきの主である」(3)。人間は、かかる「主」として、自らのはたらきに関する主権を有している。そして、この主権に即して、人間には「個別性」と「超越性」という性格が帰せられることになる。

じっさい、「自らのはたらきの主」ということは、「他のもののように単に動かされるだけではなく、自体的な仕方ではたらく」ということを意味しており、自体的にはたらく限りにおいて、理性的実体である人間は、「個別的」で「個的」な存在として位置づけられる。そして、このことがまた、「個としての人間の超越性」の前提になっていると言えよう。

さらに、厳密な意味では、「諸行為は単一者のうちに存する」。すなわち、自らのはたらきの主である限りにおいて、行為はその主である単一者に帰せられる。これに対して、「単に動かされるだけ」のものによるはたらきは、本来、「行為」という名に値しない。自体的な仕方では、はたらいていないからである。

したがって、諸々の実体の中で、このように自体的な仕方ではたらく「個別的」で「個的」な単一者には、何か特別の「名」が帰せられなければならない。そして、この特別の名こそ、「ペルソナ」である(4)。人間が自らのはたらきの主であるということが、人間の個別性と超越性の前提であり、ここから、人間はペルソナとしての「人格的存在」であることが導き出される。かくして、ペルソナとは、諸実体の中で、ただ理性的本性を有する者だけに許された「名」なのである(5)。

もっとも、この個所では、「三位一体」に関する神学的な用語として、ペルソナの意味が論じられている(6)。しかし、人間が自らのはたらきの主として「自体的にはたらく」限り、人間もまた、ペルソナとしての「単一者」として位置づけられる。そして、このことが、人間存在に関する根本的な規定であると考えられる(7)。

## 第二節　部分としてのペルソナ――全体への秩序

では、共同体において、ペルソナとしての「個別性」はいかなる仕方で位置づけられるのであろうか。トマスは、「正義（iustitia）」に関する個所で、「特殊的正義（iustitia particularis）は、共同体に対して部分が全体（totum）に対するように関連づけられるところの、或る私的なペルソナ（privata persona）へと秩序づけられる」と言っている(8)。すなわち、私的な人格としてのペルソナと共同体の関係は、「部分と全体」の関係として捉えられ、部分が全体に対するように、ペルソナは共同体へと関係づけられている。そして、特殊的正義とは、共同体において、その部分であるところのペルソナへと秩序づける正義なのである。

人間は、自らのはたらきの主であり、「理性的本性を持った単一者」としてのペルソナである。その結果、人間には固有の「個別性」と「超越性」が帰せられる。しかし、共同体の部分である限り、部分が全体に対するような仕方で、共同体へと関係づけられている。すなわち、「部分である」ということ自体が、全体への関連づけの上に成立している。

したがって、ペルソナとしての「個別性」や「個性」をいかに強調するとしても、共同体との関係から捉えられる限り、ペルソナである人間は、全体である共同体へと関連づけられるところの、「部分」に他ならない。人間は、「共同体の部分」という意味での「単一者」なのである。

では、かかる「部分と全体の関係」とは、さらにどのような内容のものとして捉えられるのであろうか。トマスは、「交換的正義（iustitia commutativa）」に関する説明の中で、次のように言っている。

「部分」はすべて「全体」へと、「不完全なもの（imperfectum）」が「完全なもの（perfectum）」に対するように秩序づけられている。そしてそれゆえ、部分はすべて、「自然本性的な仕方で（naturaliter）」、全体のためにある。（中略）しかるに、いかなる個別的なペルソナも共同体全体に対して、部分が全体に対するように関連づけられている。(9)

「私的なペルソナ」は、「共同体に対して部分が全体に対するように関連づけられる」。しかるに、かかる「部分の全体への秩序」は、「部分が全体に属している」とか、「全体が部分から成立している」というような、単なる包含関係ではなく、「不完全なものが完全なものに対する」という関係を示している。すなわち、部分は部分である限り、全体に対して「不完全なもの」として位置づけられ、逆に、全体は全体である限り、部分に対して「完全なもの」として関連づけられる。

さらに、かかる「部分と全体の関係」は、静的で固定的なものではなく、そこには、「不完全なものが完全なものに対するように」という、動的な方向性が見出される。そして、ちょうど「意志の対象は、目的かつ善である」から、「すべての人間的行為は目的のためにあるものでなければならない」[10]というように、「部分はすべて全体へと、不完全なものが完全なものに対するように秩序づけられている」から、「部分はすべて、自然本性的な仕方で、全体のためにある」とされなければならない。

部分は部分である限り、全体へと自然本性的な仕方で秩序づけられている。したがって、いかなる個別的なペルソナも、部分である限り、自然本性的な仕方で全体である共同体へと秩序づけられており、共同体のために存することになる。人間が、「その部分であるところの共同体に属する」という所属の仕方は、単なる形式的なものでも、偶発的なものでも、蓋然的なものでもなく、「自然本性的」なものに他ならない。

それゆえ、人間は、その理性的な本性に即して、単一者としてのペルソナであるにもかかわらず、共同体に対しては「不完全なもの」であり、自然本性的な仕方で、「共同体全体に対して、部分が全体に対するように関連づけられている」。共同体がなぜ「完全なもの」として位置づけられるのかは、これから明らかにしていかなければならない。しかしながら、「不完全なものが完全なものに対するように」という表現のうちに、明確な方向性を読み取ることができよう。すなわち、人間は「不完全な部分」であるとしても、「完全性」へと秩序づけられているのである。[11]

## 第三節　ペルソナの目的――全体の善としての共同善

では、「部分はすべて全体へと、不完全なものが完全なものに対するように秩序づけられている」という場合、この「完全性」とは、そもそもどのようなことを意味しているのであろうか。トマスは、同じく「正義」に関する個所で、「全体の善がそのいかなる部分にとっても目的であるように、共同善（bonum commune）は、共同体のうちに存在している個別的な個々のペルソナにとっての目的である」と言っている。(12)

部分が全体へと秩序づけられるのは、部分の善が、全体の善へと秩序づけられることに他ならない。すなわち、「全体の善がそのいかなる部分にとっても目的」となっている。そして、「いかなる個別的なペルソナも共同体全体に対して、部分が全体に対するように関連づけられている」以上、「共同体のうちに存在している」限り、全体の善である「共同善」が「個別的な個々のペルソナにとっての目的」ということになる。

じっさい、共同体に実在しているという観点からペルソナを観るならば、共同善こそ、ペルソナの目的として位置づけられる。その際、「理性的本性を持った単一者」としてのペルソナは、共同善を目的とするところの、「共同体の部分」に他ならない。この限りにおいて、共同善はペルソナの善よりも「超越的」なのである。

したがって、この場合の「完全性」とは、あくまで「善」に即して捉えられている。すなわち、「部分はすべて全体へと、不完全なものが完全なものに対するように秩序づけられている」というのは、「全体の善がそのいかなる部分にとっても目的」だからである。それゆえ、個的ペルソナの善と「全体の善」である「共同善」との関係は、「不完全なものが完全なものに対する」関係であると解される。

ところで、個々の人間は「自由の主体」であり、ペルソナとしての「人格的存在」であるということが、トマスにおいて、人間の「個別性」と「超越性」を端的な仕方で表現していると言えよう。人間はどのような共同体に属していようとも、「自らのはたらきの主権」を持った「単一者」に他ならない。

その一方、人間は、ペルソナという「単一者」であると同時に、全体である共同体の「部分」である。人間は、「究極目的への運動」に即してはまったくの個別的存在であるが、「共同善への運動」に関しては、共同善を目的とする部分として位置づけられる。

しかるに、「自らのはたらきの主である」ということが、行為に関する人間の「固有性」であり、この「主権」は、「理性」と「意志」に基づいて成立している。人間がかかる主である限り、その行為は人間に固有な「人間的行為」として位置づけられる以上、「人間が自らのはたらきの主である」ということは、トマスにおいて、その倫理的考察の「出発点」ともいうべき、きわめて重要な規定である。

それゆえ、「共同善は、共同体のうちに存在している個別的な個々のペルソナにとっての目的である」と言っても、個別的な個々のペルソナは、自らのはたらきの主であるから、現実的な仕方で共同善を目的とするとは限らないように思われる。

すなわち、「共同体のうちに存在している」という観点からは、いわば構造的な仕方で、共同善は個々のペルソナの目的として位置づけられるとしても、行為の前提となる「単一者」という観点からは、理性と意志に基づく限り自己の行為は自らの主権のもとにあり、何を目的とするかは個々のペルソナによって異なることになるであろう。では、「共同善は、共同体のうちに存在している個別的な個々のペルソナにとっての目的である」ということは、どのようにして成立するのであろうか。

## 第四節　ペルソナにおける共通性——不分明な個

まず、共同善がペルソナの目的となるためには、共同善への運動において、各々のペルソナが何らかの仕方で共通していなければならないであろう。そうでなければ、ペルソナの目的が共同体における共通の善とはなり得ないように思われる。

では、「個別的、個的なもの」であるペルソナが部分として共通するということは、そもそもどのようにして可能になるのであろうか。トマスは、『神学大全』第一部第三〇問題第四項で、「このペルソナという名は、三つのペルソナに共通であるか」を論じており、その主文で次のように言っている。

我々が「三つのペルソナ」という場合、かかる言い方そのものがこのペルソナという名が三者に共通であることを示している。それはちょうど、「三人の人間」という場合、人間であるということが三者に共通していることを示しているようにである。（中略）それゆえ、人間のことがらにおいても、このペルソナという名は、「概念の共通性（communitas rationis）」によって共通ではあるが、「類」や「種」としてではなく、「不分明な個（individuum vagum）」としてであると言わなければならない。（中略）しかるに、「或る人間」という場合のような不分明な個は、個体に適合する確定された「存在の様式」とともに、共通した本性を表示するのであって、すなわち、「他の者から区別されて自体的に自存している」という存在の様式である。[13]

ペルソナが共通するということは、「事物の共通性」ではなく、「概念の共通性」に基づいている。しかるに、ペルソナとは、自らのはたらきの主権を有し、自体的にはたらくところの、「理性的本性を持った単一者」に特別な仕方で帰せられる「名」である。したがって、人間の場合、ペルソナという名が複数の人間に共通するということは、動物であるという「類」や、人間であるという「種」における共通性ではなくて、何かペルソナとしての個的な様態における共通性に基づかなければならない。

それは、「或る人間」のような「不分明な個」としてであり、このことによって、単なる人間としての共通性ではなく、「他の者から区別されて自体的に自存している」という存在の様式を伴って本性の共通性が示されることになる。じっさい、何らかの不確定性のもとに個別的なものが表示されることから、「不分明な個」と言われるのである。(14)

ペルソナという名が「個的な単一性」に即して成立している以上、ペルソナが「共通性としての"communitas"」のもとに捉えられるためには、単なる概念の共通性ではなく、そこに個的な区別を前提にしたところの共通性でなければならない。そして、このことは、「或る人間」のような、「不分明な個」として捉えることから可能になる。「他のものから区別される個的な存在」であるペルソナは、「不分明な個」として共通しているのである。(15)

したがって、「理性的本性を持った単一者」である人間が、「共同体に対して部分が全体に対するように関連づけられる」ということは、このような「不分明な個」という次元で可能になると考えられる。すなわち、個々の人間は、「ペルソナ」として捉えられる限りは、自らのはたらきの主としての個別的な存在であるとしても、「不分明な個」としては共通している。そして、その結果、共同体の部分として位置づけられることが可能になる。

「いかなる個別的なペルソナも共同体全体に対して、部分が全体に対するように関連づけられている」ということは、以上のようなことから成立するに至ると言えよう。その意味で、「不分明な個」という視点は、個と共同体の関係を考える上で、きわめて重要であると言わなければならない。

## 第五節　共同体とペルソナ――共同体における個

「自らのはたらきの主権を持ち、他のもののように単に動かされるだけではなく、自体的な仕方ではたらくところの、理性的実体においては、個別的、個的なものが、何らかのより特別、より完全な仕方で見出され」、「理性的本性を持った単一者」は、「ペルソナ」という「特別な名を有している」。人間の「個別性」と「超越性」は、まさにこのペルソナという言葉に集約されている[16]。

その一方、「いかなる個別的なペルソナも共同体全体に対して、部分が全体に対するように関連づけられている」。したがって、ペルソナである人間が共同体の部分として位置づけられるということが、さらに、部分であるペルソナがその超越性を全体である共同体の中でいかにして保持し、発展させていくかが、大きな問題となるのである。

逆に、この問題は、共同体そのものの理解にも通じるものとなる。「共同体」が何らかの仕方で「存在」しているとしても、その「存在性」は、個である人間の「存在性」とは次元が異なっているからである。じっさい、厳密な意味で、存在しているのはあくまで「個」に他ならない。

しかるに、「第一の能動的根源に関してではなく、動かされて動かすというはたらきの根源に関して」、「能動者のうちに何らかの習慣が生ぜしめられ得る」[17]。「習慣は事物の本性そのものへの秩序を意味するだけではなく、さらに帰結として活動への秩序をも意味」しており[18]、その結果、共同体における個としての人間のはたらきは、習慣によって、具体的な活動へと秩序づけられる。そのため、「自らのはたらきが善く、ないし悪しく態勢づけられるに応じて、何か功徳に値したり業障に値したりする」わけである。[19]

このように、個と共同体は習慣を介して相互に秩序づけられる以上、「共同体の存在」は、かかる「習慣による秩序づけ」に即して捉えられるように思われる。では、このような「秩序づけ」とは何を意味しており、また、どのようにして可能になるのであろうか。これらの点は、これから明らかにしていかなければならない。

ところで、個と共同体の関係をトマスに即して探るためには、まず、「個の主権」が共同体において、どのように位置づけられ、秩序づけられていくかを示していかなければならないであろう。人間的行為は、人間がその主である行為であるから、あくまで個別的な行為である。その一方、共同善を個々のペルソナの目的とする仕方で、ペルソナは共同体の部分として位置づけられる。このことは、人間的行為の個別性が共同善への普遍的な運動のもとに捉えられることを意味していると考えられる。では、このようなことは、そもそもいかにして可能になるのであろうか。

まず、人格としてのペルソナと共同体との関係は、「共同善は、共同体のうちに存在している個別的な個々のペルソナにとっての目的である」というように、部分が全体へと秩序づけられるところの、「有機的な関係」を意味しているように思われる。じっさい、ペルソナを「部分」として位置づけるためには、そこに部分としての何らかの「共通性」が認められなければならない。

たしかに、人間はすべて、自らのはたらきの主として、理性的本性を持った単一者として、ペルソナである。したがって、ペルソナとしての個別性が共同体の普遍性に埋没され、解消されるわけではない。人間の共同体である限り、そこに各ペルソナとしての個別性が保持されていなければならない。その一方、「共同体」である限りは、その成員である各ペルソナの間には「部分としての共通性」が認められることになる。それは、「不分明な個」としての共通性である。

それゆえ、このような「不分明な個」という観点においてこそ、各々のペルソナが「他の者から区別されて自体的に自存しているという存在の様式」を保ちながら「部分として共通している」ということを、本来、可能にしているのではないだろうか。それは、ペルソナとしての個別性を保ちながらも、共同体の部分として捉えるところの観点である。

このことはまた、「共同体のいかなる部分であるか」が、ペルソナとしての人間の一人一人に、個別的な仕方で問われていることをも意味している。自らのはたらきの主であり、ペルソナである人間が共同体の部分であるということ自体が、それぞれの実存に、深く係わっているのである。(20)

# 第二部　共同体と秩序

# 第一章　究極目的と共同善

## 第一節　個の存在と共同体――共同体の優先性

人間は、「自らのはたらきの主権を持ち、他のもののように単に動かされるだけではなく、自体的な仕方ではたらくところの、理性的実体」としての「ペルソナ」である。[1] 人間がペルソナとしての個別的な存在であるという点が、トマスにおいて、その人間理解の大前提であると言えよう。いかなる人間でも、人間である限り、ペルソナとしての「人格的存在」に他ならない。

その一方、「部分はすべて全体へと、不完全なものが完全なものに対するように秩序づけられている」から、「いかなる個別的なペルソナも共同体全体に対して、部分が全体に対するように関連づけられている」[2]。人間と共同体とは、部分と全体の関係にあり、人間は、全体である共同体へと秩序づけられた「部分」なのである。

かくして、ペルソナとしての個的・超越的性格は、共同体の部分である限り、共同体へと、「不完全なものが完全なものに対するように」秩序づけられる。それは、「全体の善がそのいかなる部分にとっても目的であるように、共同善は、共同体のうちに存在している個別的な個々のペルソナにとっての目的である」[3]という仕方での、共同善を目的とする「秩序づけ」であると考えられる。

このように、ペルソナと共同体のあいだには、共同善を目的とするという仕方で相互に秩序づけられる関係が見出される。共同体は、かかる秩序づけを通じて、何らかの仕方で「存在」しているということができよう。では、「個」と「共同体」では、どちらが「より先」なのであろうか。すなわち、両者の関係に、「より先」、「より後」というような区別が存しているのであろうか。

結婚を通じて一つの家が築かれるように、通常は個々人が集まって共同体が形成されるのであるから、当然、個の方が共同体よりも「先」であるようにも思われる。しかるに、トマスは、アリストテレスの『政治学』第一巻における「全体は部分よりも必然的により先であるから、国は自然本性によって家や我々個々人よりも先である」[4]という個所を註解して、次のように言っている。[5]

全体は、諸部分が生成の秩序において「より先（prius）」であるにもかかわらず、自然本性的な仕方で「対象領域（materia）」の諸部分よりも、「より先」である。しかるに、個々の人間は「国（civitas）」全体に対して、人間の諸部分が人間に対するように関係づけられる。それは、ちょうど手や足が人間なしには存在し得ないように、一人の人間も国から離れては、自体的な仕方で自ら充足して生きることはないからである。[6]

いかなる「全体」でも、諸部分から成立している。そして、最初に存在するのは部分の方であり、諸々の部分が集まって全体が構成される。したがって、全体よりも「諸部分が生成の秩序においてより先である」。その一方、人間の手足のように、あくまで身体の一部として位置づけられることから本来の意味を有するような部分の場合、全体は自然本性的な仕方で部分に先行する。手や足が固有なはたらきを行うにしても、それは身体の部分としてのはたらきに他ならない。

同様に、多くの人間が集まって国ができる限りには、部分である個々人の方が、全体である国よりも先にある。しかし、個々人がそれぞれ個別的なはたらきを自らのはたらきの主として為すとしても、自体的な仕方で自ら充足して生きていくことは、全体である国の中で、本来、可能になると考えられる。

## 第二節　自己の実存と共同体――共同体の輪郭

たしかに、手足とは異なり、個々の人間は、国を離れたからといって、その存在様式が変化するわけではない。かりに、人里離れた山奥で、一人隠遁生活をおくるとしても、「理性的本性を持った単一者」(7)であることに、何ら変化は見られない。どこで生活しようと、人間は自らのはたらきに関する主権をもった「ペルソナ」である。

しかし、「自体的な仕方で自ら充足して生きる」ということは、国のような、何らかの共同体を前提しているということになる。たしかにこの点は、無人島に漂着したような、極端な場合を想定するならば、明白な事実であるようにも思われる。この限りにおいて、全体である国は、自然本性的な仕方で、個々の人間に先行しており、「国は自然本性によって家や我々個々人よりも先である」と言えよう。

厳密な意味で存在するのは、個々の人間であり、国や家のような共同体ではない。しかし、手足が人間の身体の部分である限りにおいて手足としての意味を有するが、全体である身体が壊されてしまったら、もはや手足としての意味をなさないように、全体である身体と部分である手足の間には、全体が自然本性的な仕方でより先であるという関係が認められる。そして、「個々の人間は国全体に対して、人間の諸部分が人間に対するように関係づけられる」のであれば、全体としての共同体は部分である個々人よりも、自然本性的な仕方でより先に存在することになる。

したがって、この個所に関する限り、国や家のような共同体は、「生成の秩序において」は個々人よりも、より後に位置するにもかかわらず、自然本性的には、個々人よりも、より先に位置している。共同体は、厳密な意味では部分である個々人に後続する存在であると思われるが、自然本性に即した場合には、部分である個々人に先行する存在として位置づけられなければならない。

しかし、この点は、現在の我々にとって、無条件に了解できることであるようには思われない。じっさい、「いかなる個別的なペルソナも共同体全体に対して、部分が全体に対するように関連づけられて」おり、「自分は共同体の部分である」ということを、はたして我々は明確に意識しているであろうか。「一人の人間も国から離れては、自体的な仕方で自ら充足して生きることはない」ということを、はっきりと自覚して行動しているであろうか。

これらの疑問は、おそらく、「共同体の輪郭」というものが、現代の我々にとって、明確ではないという点に由来しているように思われる。たとえば経済活動一つとっても、この輪郭が明瞭なのはせいぜい「家」における「家計」ぐらいまでであって、「会社」、「地方自治体」、「国」と進むにつれて、その輪郭は不明瞭なものになり、そのため、「連合企業体」や「東アジア共同体」といった表現が可能になると言えよう。

もちろん、家も、会社も、地方も、国も、それぞれ明確な輪郭をもって規定されている。しかし、重要な点は、我々が共同体の輪郭の中に自らを部分として自覚的に位置づけているか、という点であろう。家や学校に自分の居場所を見出せないような事態は、残念ながら珍しくはない。また、他者を自己と同様に共同体の部分として認識しているかと問うならば、この点についても疑わしい事例が多く思い浮かぶであろう。

国の場合も、「個々の人間は国全体に対して、人間の諸部分が人間に対するように関係づけられる」ということを、文字通りに実感している人は少ないように思われる。日本人としての言語や文化を考える場合、我々の精神構造は日本という国の中で形成されているのであり、その意味では、まさに我々は日本の部分である。しかし、通常の生活でこのことを自覚させられる場面は、それほど多くはないであろう。

その一方、現代の様々な問題の背景に、共同体よりも個を優先させる姿勢が垣間見られることも事実である。その意味で、「一人の人間も国から離れては、自体的な仕方で自ら充足して生きることはない」ということは、今の時代においてもつねに確認すべき重要な点であると言わなければならない。

この場合の「国」が現在において何を意味するかは、検討すべき課題であるとしても、人間が人間らしく生きていくために共同体を必要としているという現実は、アリストテレスの時代においても、トマスの時代においても、そして現代においても、基本的に変わらないと考えられる。ただ、共同体の輪郭という点で、現代においてはきわめて多様な捉え方が可能になっているということはできよう。

さらに、共同体の輪郭をどのように示していくかは、まさにその人間の実存に係わる重大な問題である。じっさい、自分にとって家とはどのような「存在」であるのか、国とはどのような「存在」であるのかは、その人間の生き方に直結している。それゆえ、「個々の人間は国全体に対して、人間の諸部分が人間に対するように関係づけられる」ということは、共同体に関する考察の出発点であると同時に、到達すべき課題なのである。

## 第三節　究極目的への運動——共同体への秩序

人間は、自然本性的な仕方で、共同体を必要性としており、共同体へと秩序づけられている。すなわち、「部分はすべて、自然本性的な仕方で、全体のためにある」のであり、その結果、「いかなる個別的なペルソナも共同体全体に対して、部分が全体に対するように関連づけられている」[8]。

このことは、人間という存在そのものが、本来、「共同体の部分」として成立していることを意味しているように思われる。ここから、「ちょうど手や足が人間なしには存在し得ないように、一人の人間も国から離れては、自体的な仕方で自ら充足して生きることはない」ということが、結論づけられるわけである。

その一方、「共同体の部分である」ということが、人間にとって「自然本性的」で「本来的」なことであるとしても、このことがいかなる意味を有するかは、人間一人一人の実存に係わっている。じっさい、自然本性的で本来的なことに反するような事例には、まさに枚挙に暇もないであろう。

では、「個々の人間は国全体に対して、人間の諸部分が人間に対するように関係づけられる」という場合の「秩序づけ」を、個々の人間の行為において現実化させるには、何が必要性なのであろうか。「ちょうど手や足が人間なしには存在し得ないように、一人の人間も国から離れては、自体的な仕方で自ら充足して生きることはない」ということを、ペルソナとしての実存に結びつけるということは、どのようにして可能になるのであろうか。

「人間は、理性と意志によって自らのはたらきの主」であり、「意志の対象は、目的かつ善である」から、「すべての人間的行為は目的のためにあるものでなければならない」[9]。人間は、自らのはたらきの主である限り、目的への運動に関して或る種の超越性を有していると考えられる。しかるに、「意志は必然に基づいて至福である究極目的に密着して」おり、[10]「すべての人間には自然本性的な仕方で一つの究極目的が属しているように、この人間の意志は一つの究極目的において存立している」[11]。

人間は、目的への運動において、自らのはたらきの主であるが、この「目的への運動」は、「究極目的への必然的欲求」に基づいて成立している。したがって、「目的への運動」は、それぞれ個別的な仕方で為されるにもかかわらず、それらはすべて「究極目的への運動」のもとに展開されているということになる。[12]すなわち、至福への欲求が目的への運動を現実化しているのであり、幸せになろうとする根源的な欲求が意志のはたらきそのものを可能にしている。そして、かかる根源的な欲求において、すべての人間は一致している。ここに、共同体そのものの可能性が存していると言えよう。いかなる共同体であれ、至福である究極目的への必然的欲求が、本来、その成立の基盤とならなければならない。

それゆえ人間は、意志のはたらきによって、「個としての超越性」を有すると同時に、「共同体の可能性」へと開かれている。共同体への欲求は、究極目的への欲求に由来する限り、人間にとって「自然本性的」で「必然的」なものとなるであろう。

もっとも、「究極目的への欲求」は、「究極目的への運動における個的超越性」を直接的に帰結するとしても、「共同体の必要性」に関しては間接的であるように思われる。「究極目的への運動」が、そのまま「共通の目的への運動」になるとは考えられないからである。

じっさい、「個」の次元における「究極目的への運動」は種々異なっており、「人間の究極目的は、端的な仕方で人類全体へと関係づけられている」としても、このことから、「目的の共通性」が単純に帰結されるわけではない。

「個々の人間は国全体に対して、人間の諸部分が人間に対するように関係づけられる」ということは、構造的な意味ではすべての人間にあてはまるとしても、これが個々の次元でいかなる意味を持つかは、各々の主権において均一的に捉えられてはいないのである。

## 第四節　共通の幸福への秩序づけ——法と共同善

「共同善は、共同体のうちに存在している個別的な個々のペルソナにとっての目的である」としても、ペルソナにおける「究極目的への運動」が「共同善への運動」に直結するわけではない。したがって、「究極目的への欲求」から「共通の目的への欲求」が導き出されるためには、何か「特別な秩序づけ」が必要である。

では、「究極目的への運動における個的超越性」と「部分としての従属性」とは、そもそもどのように調和し得るのであろうか。トマスは『神学大全』第二―一部第九〇問題第二項で、「法（lex）はつねに共同善へと秩序づけられているか」を論じており、その主文で次のように言っている。

「実践理性（ratio practica）」が係わるところの、実践的なことがらにおける「第一の根源（principium）」は「究極目的」である。しかるに、先に示されたように、人間的な生に関する究極目的とは、「幸福（felicitas）」、ないし「至福」である。それゆえ、「法」は、最高度に、「至福へと存する秩序づけ」に関係しなければならない。その一方、「部分」はすべて「全体」へと、「不完全なもの」が「完全なもの」に対するように秩序づけられており、一人の人間は、「完全な共同体」の部分であるから、法は、本来、「共通の幸福への秩序づけ」に関係することは必然である。（中略）いかなる類においても、「最高度」に語られるところのものが、他のものの根源であり、それ自身への秩序づけに即して他のものは語られる。（中略）したがって、法は「共同善」への秩序づけに即して最高度に語られる以上、特殊的なはたらきに関する他のいかなる規定も、「共同善への秩序づけ」に即することなしに法としての性格を持つことはない。それゆえ、法はすべて、共同善へと秩序づけられている。[13]

「法」とは、人間的行為に関する何らかの「規則（regula）」や「基準（mensura）」であり、理性に属している。[14]人間は理性と意志によって自らのはたらきの主であるが、その理性が実践的な領域において係わる第一の根源とは、「究極目的」に他ならない。[15]ちょうど、意志が「必然に基づいて至福である究極目的に密着」しているように、理性にとっても、実践的なことがらに関しては「究極目的」が「第一の根源」となっている。したがって、理性に属するところの法は、何よりもまず至福である究極目的へと存するところの秩序づけに係わらなければならない。[16]

その一方、一人一人の人間は、それぞれ共同体の「部分」として位置づけられる。さらに、部分と全体との関係は、「不完全なもの」が「完全なもの」に対する関係として捉えられる。すなわち、「部分はすべて全体へと、不完全なものが完全なものに対するように秩序づけられている」のである。

したがって、法は「至福へと存する秩序づけ」を通じてさらに、「共通の幸福への秩序づけ」にまで必然的に係わらなければならない。そして、かかる「共通の幸福」とは、「共同善」として解される。それゆえ、法は何よりも「共同善への秩序づけ」に係わる以上、すべての法は共同善へと秩序づけられているのである。

このように、一人の人間は共同体の「部分」であり、しかも「究極目的への秩序づけ」が「共通の幸福である共同善への秩序づけ」へと集約される限りにおいて、「不完全な部分」として位置づけられることになる。さらに、

「共同善への秩序づけ」が「究極目的への秩序づけ」を前提にしている。その意味で、「究極目的への運動」の延長線上に、「共同善への運動」が成立していると言わなければならない。

それゆえ、両者の運動は対立的な関係にあるのではなく、「至福へと存する秩序づけ」から「共通の幸福への秩序づけ」が可能になる。そして、この点において、「個としての超越性」と「部分としての従属性」との調和が何らかの仕方で可能になり得ると言えよう。それは、「究極目的への運動」と「共同善への運動」との調和に他ならない。

その一方、かかる「調和」は、それ自体としては「自然本性的」であるとしても、現実には、「法」という、「人間的行為に関する何らかの規則や基準」によって秩序づけられる。そのため、「法は、最高度に、至福へと存する秩序づけに関係しなければならない」と同時に、「法は、本来、共通の幸福への秩序づけに関係することは必然」であり、「法はすべて、共同善へと秩序づけられる」わけである。

## 第五節　究極目的と共同善――法の秩序づけ

では、そもそも、「究極目的」と「共同善」とは、どのような関係にあるのであろうか。究極目的とは、意志のはたらきの根源であり、人間は、究極目的への運動において、自らのはたらきの主としての超越性を有している。しかるに、「人間の究極目的は、端的な仕方で人類全体へと関係づけられて」おり、「すべての人間には自然本性的な仕方で一つの究極目的が属している」[17]。

すなわち、各々の人間は、それぞれ個別的な仕方で究極目的へと運動している。その運動のあり方は種々異なっており、人間的行為は決して画一的な行為ではない。しかし、究極目的への必然的欲求というあり方は、すべての人間に共通している。したがって、構造的な仕方で、すべての人間には「一つの究極目的が属している」。

ところで、この場合の「究極目的」は、すべての人間がそこへと属する限りにおいて、すべての人間に共通した目的となる。したがって、この「究極目的」は、究極的な仕方で人間に共通した善、すなわち「共同善」として解される。これは、すべての人間に共通した幸福に他ならない。かかる共同善こそ、「最高度に語られるところのもの」であり、「他のものの根源」である。

このように、「究極目的」は、すべての人間に自然本性的な仕方で属するという観点から捉えられるならば、「共同善」として位置づけられると言えよう。これは、いわば「究極的な共同善」である。しかし、「共通の幸福」という場合、必ずしも「すべての人間」を意味するわけではない。むしろ、それぞれの共同体に属する人間にとっての共通の幸福と解する方が一般的であろう。

しかるに、共同体とは、共通の目的に基づいて存立していると考えられる。たしかに、「すべての人間には自然本性的な仕方で一つの究極目的が属している」という観点からは、人類全体が一つの共同体として位置づけられる。その一方、一般的な意味での共同体は、共通の目的によって支えられている。

さらに、この「共通の目的」は、最終的には「共通の幸福」へと通じていなければならない。そして、この「共通の幸福」こそ、「共同善」として捉えられる。したがって、「至福へと存する秩序づけ」は、同時に「共通の幸福への秩序づけ」であり、「共同善への秩序づけ」なのである。

それゆえ、共同体における「共同善」とは、本来、「究極目的に関する共通性への可能性」に基づいていなければならない。この限りにおいて、「至福へと存する秩序づけ」を通じて、「共通の幸福への秩序づけ」、すなわち

「共同善への秩序づけ」に、「法」は必然的な仕方で関係づけられることになる。

「究極目的への必然的欲求」を「共通の目的への欲求」へと向かわしめるところの、「特別な秩序づけ」とは、まず何よりも「法」ということになる。[18]「法」は、個においては、「幸福、ないし至福」へと秩序づける「規則や基準」である。人間的行為は、法を通じて、至福である究極目的へと正しく秩序づけられる。

その一方、「部分はすべて全体へと、不完全なものが完全なものに対するように秩序づけられており、一人の人間は、完全な共同体の部分であるから」、共同体において、法は「共通の幸福への秩序づけに関係することは必然」となる。そして、「法は共同善への秩序づけに即して最高度に語られ」、その結果、「法はすべて、共同善へと秩序づけられる」。「究極目的への運動」を「共同善への運動」へと秩序づけるところのものが、「法」なのである。

# 第二章　共同体の完全性

## 第一節　部分としてのはたらき——完全性への運動

人間は、所属する共同体に対して、部分が全体に対するように秩序づけられている。しかも、全体は「自然本性的な仕方で対象領域の諸部分よりも、より先」であり、「個々の人間は国全体に対して、人間の諸部分が人間に対するように関係づけられ」、「ちょうど手や足が人間なしには存在し得ないように、一人の人間も国から離れては、自体的な仕方で自ら充足して生きることはない」(1)。人間は自然本性的な仕方で全体である共同体へと秩序づけられており、共同体を必要としている。その意味で、人間の個別的な活動は、全体的な観点から捉える場合、共同体の部分として成立しているということができよう。

たしかに、「人間的な生に関する究極目的とは、幸福、ないし至福である」ゆえに、個としての人間はかかる究極目的への運動の主体であるが、「部分はすべて全体へと、不完全なものが完全なものに対するように秩序づけられており、一人の人間は、完全な共同体の部分であるから、法は、本来、共通の幸福への秩序づけに関係することは必然」であり、「法はすべて、共同善へと秩序づけられる」(2)。

ペルソナとしての人間の「究極目的への運動」は、それ自体としてはまったく個別的であるとしても、「部分から全体への秩序」という観点から見るならば、「共通の幸福」である「共同善」へと関係づけられる。しかし、「究極目的への運動」から自動的に「共同善への運動」が帰結されるのではなく、「法」という特別な秩序づけを通じて、両者は調和的に関係づけられることが可能になる。その意味で、人間の個別的な活動は、法を通じて、共同体の部分としてのはたらきに結びつけられるということができよう。

ところで、トマスは、「部分はすべて全体へと、不完全なものが完全なものに対するように秩序づけられており、一人の人間は、完全な共同体の部分である」と言っている。このうち、「不完全なものが完全なものに」という場合、ここでの「完全性」とは、「善に関する完全性」を意味していると考えられる。

たしかに、「全体の善がそのいかなる部分にとっても目的であるように、共同善は、共同体のうちに存在している個別的な個々のペルソナにとっての目的」である。[3] 共同体と共同善の関係については、これから明らかにしていかなければならない。しかし、少なくとも、共同善が各々のペルソナの目的として位置づけられることによって、共同体は実質的に成立することになるということはできよう。

じっさい、「人間は、自らのはたらきに関する主権を有しているが、その人間自身はさらに、他者に属する、すなわち、その部分であるところの共同体に属する」[4]という場合、このような「所属」のあり方が、自己の行為に関する主権者としてのあり方に反するのであれば、そこには「個か共同体か」という対立が認められることになろう。個と共同体を巡る現在の様々な問題は、このような点に由来していると考えられる。

したがって、「いかなる個別的なペルソナも共同体全体に対して、部分が全体に対するように関連づけられている」[5]ということは、ペルソナとしての個別的で不完全な善が、共同善という全体的でより完全な善へと秩序づけられることから、本来、可能になると言えよう。しかも、このような秩序づけが、ペルソナにおいて、その善を完成させる方向性に合致するものでなければならない。「究極目的への運動」を「共同善への運動」に秩序づけるということは、より大きな善への可能性において、本来、問われなければならないのである。

## 第二節　共同体の区分――完全な共同体

さて、一口に「共同体」と言っても、様々な次元の共同体が想定される。しかるに、トマスは「一人の人間は、完全な共同体の部分である」と言っている。では、「完全な共同体」とは、そもそも何を意味しているのだろうか。この表現は、「完全な共同体は、いくつかの村からできた国である」という、アリストテレスの『政治学』の言葉に由来しているように思われる。この個所に関する註解で、トマスは次のように言っている。[6]

第一に、「国」が何に基づいて存しているかが示されている。というのは、「村（vicus）」が複数の「家（domus）」から成り立っているように、国は複数の村から成り立っているからである。第二に、国は「完全な共同体」であると言っている。このことを、以下のことから論証している。すなわち、すべての人間のあらゆる「交わり（communicatio）」が生きるに必要な何かへと秩序づけられる以上、生きるために必要ないかなるものをも十分な仕方で人間が持てるように秩序づけられるところのものが、完全な共同体となるであろう。しかるに、このような共同体が「国」である。（中略）第三に、国は何に秩序づけられるかが示されている。じっさい、原初的には生きるためにつくられたのであり、すなわち、人間が十分に獲得して生きることができるようにである。しかし、「国法（lex civilis）」によって人間の生が徳へと秩序づけられる限りにおいて、人間が

ただ生きるのではなく、さらに善く生きることへと進んでいくのである。(7)

「完全な共同体は、いくつかの村からできた国である」という点に関しては、三つのことが帰結される。まず、第一に、「共同体の区別」である。最も基本的な共同体は、「家」であり、その家が複数集まって「村」という共同体が形成され、さらに、複数の村から「国」という共同体が構成される。このように、共同体には、下位のものが集まって上位のものが形成されるという、「完全性に関する区別」が認められ、その結果、「国」が「完全な共同体」として位置づけられる。

第二に、「共同体の必要性」である。共同体とは、もともと人間が生きるための必要性から成立している。この必要性を、「家」単独で満たすことは非常に困難であり、また、「村」だけで充足させることも難しい。したがって、人間が生きるために必要なものを十分に供給できるような共同体が、「完全な共同体」ということになる。そして、そのような共同体が「国」に他ならない。

第三に、「共同体の目的性」である。「共同善は、共同体のうちに存在している個別的な個々のペルソナにとっての目的」であるから、共同体はこのような「共同善」という目的の上に成立している。しかるに、その共同善には、「ただ生きる」ためにという原初的な段階から、「善く生きる」というより高次の段階までの区分が認められ、「人間の生が徳へと秩序づけられる限り」、国はより高次の共同善へと秩序づけられている。すなわち、国がめざすものは、そこに所属する人間が、ただ生きることではなくて、より善く、より完全な仕方で生きることなのである。

## 第三節　共同体の段階――根源性に関する秩序

共同体とは、もともと「人間が生きるために必要なもの」への秩序づけに基づいて成立している。したがって、その場合の「完全性」は、生きるために必要なものへの秩序づけに即して捉えられる。そして、「国」は、「生きるために必要ないかなるものをも十分な仕方で人間が持てるように秩序づけられる」という秩序づけに即して、「完全な共同体」と言われる。

さらに、かかる秩序づけは、単に「生きる」だけではなく、「善く生きる」ということにも係わらなければならない。このように、国は、「生きるために必要なものへの秩序づけ」という構造的な意味だけではなく、「善く生きる」という倫理的な意味においても、「完全な共同体」なのである。

しかるに、「すべての人間のあらゆる交わりが、生きるに必要な何かへと秩序づけられる」ということは、「生きる」ということを共通の目的とすることから可能になるのではないだろうか。同様に「善く生きる」ことを共通の目的とすることによって、「人間の生が徳へと秩序づけられる」ことができると言えよう。そして、このような秩序づけは、「国法」のような「法」によって成立している。

すなわち、単に「生きる」ことから、「善く生きる」ことへの秩序づけは、個の次元では、「究極目的への運動」に即して捉えられる。同様に、「ともに生きる」ことから、「ともに善く生きる」ことへの秩序づけは、共同体の次元での「共同善への運動」として解される。そして、両者がそれぞれ「法」によって秩序づけられるだけではなく、前者から後者への秩序づけもまた、法によって可能になるのである。

このように、「一人の人間は、完全な共同体の部分である」という場合の「完全な共同体」とは、「国」を意味している。国という共同体がまず存在するからこそ、村や家という共同体がその中で成立することができると言えよう。じっさい、国から切り離されて、村だけが存在するということも、村とは関係なしに家だけが存在するということも、現実に想定し難い。

では、「家」、「村」、「国」という共同体の区分において、そこにどのような秩序が見出されるのであろうか。トマスは同じ註解で、次のように言っている。

共同体は何らかの全体であり、あらゆる全体においては、自らのうちに他の全体を含むところの全体がより根源的であるという「秩序」が見出される。(中略) そして同様に、他の共同体を含む共同体が、より根源的である。しかるに、国が他のすべての共同体を含んでいるということは明らかである。じっさい、家も村も国のもとに包含されている。そして、かかる「政治的共同体 (communitas politica)」そのものは最も根源的な共同体である。それゆえ、すべての人間的な善のあいだで集約された最も根源的な善が属している。なぜなら、共同善を意図するからであり、『ニコマコス倫理学』の冒頭で言われているように、共同善は一つの善よりも、より善くより神聖なのである。(8)

共同体は、多種多様な秩序づけの総体という意味で、「全体」として位置づけられるように思われる。しかるに、種々異なった全体のあいだで、自らのうちに他の全体を包含するところの「全体」は、より根源的である。したがって、諸々の全体の中には、どのように包含されるかに即して「秩序」が認められ、より多くの全体を自らのうちに含む全体はより根源的なのである。

同様に、全体である共同体のあいだでも、「他の共同体を含む共同体が、より根源的である」という「秩序」が認められる。そして、「村が複数の家から成り立っているように、国は複数の村から成り立っている」ことから、「家も村も国のもとに包含されて」おり、その国の権力や権限が及ぶ範囲に限定するならば、「国が他のすべての共同体を含んでいるということは明らかである」。したがって、国のような「政治的共同体そのものは最も根源的な共同体」ということになる。

さらに、「最も根源的な共同体」ということは、そこに「最も根源的な善が属している」ことを意味している。なぜなら、かかる共同体においては、そこに法による秩序づけが存する限り、なによりも「共同善」が求められるからである。「いかなる類においても、最高度に語られるところのものが、他のものの根源であり、それ自身への秩序づけに即して他のものは語られる」が、「法は共同善への秩序づけに即して最高度に語られる」わけであり(9)、国のような「政治的共同体」においては、共同体の存立のために、何より「共同善を意図」しなければならないのである。

## 第四節　共同体の秩序——共同体の統宰

では、「他の共同体を含む共同体が、より根源的である」ということは、そもそもどのようなことを意味しているのであろうか。他の共同体を自らのうちに包含すればするほど、その共同体うちには包含している共同体の様々な要素がそこに認められることになる。たとえば、「家」の次元では、家族の構成や仕事の内容などから、まさに千差万別であり、それぞれ個別的である。

もちろん、それでも何らかの普遍性が認められ、そのため、「家」に関する普遍的な見方が可能になる。これに対して、「村」の次元では、それぞれ個別的であるとしても、より普遍的であり、さらに「国」の次元では、そこにおいて様々な共同体が包含されているという意味で、最も普遍的であると言えよう。

それゆえ、「他の共同体を含む共同体が、より根源的である」という「秩序」は、「普遍性」に即して理解されることができよう。じっさい、法による秩序づけは、かかる普遍性において可能になると考えられる。すなわち、法が普遍性を有するからこそ、個別的・特殊的なことがらに適応しうるのである。じっさい、そもそも「共同体とは何か」という問いそのものが、かかる普遍性を前提にしている。このように、家から村へ、村から国へという仕方で、共同体はより根源的なものとして位置づけられ、その結果、そこにおいてより多くの普遍性を見出すことが可能になると言えよう。

このように、共同体には、他の共同体に包含されるか否かに応じて、そこに「根源性に関する秩序」が見出される。そして、より根源的であればあるほど、より多くの共同体を包含するのであり、その限りにおいてより大きな普遍性に到達している。では、かかる「秩序」とは、具体的にどのような内容を有しているのであろうか。トマスは、「いかなる人間の理性も法を創出し得るものであるか」を論じている『神学大全』第二―一部第九〇問題第三項で、次のように言っている。

人間は家の部分であるように、家は国の部分である。しかるに、『政治学』第一巻で言われているように、国は完全な共同体である。それゆえ、一人の人間の善は究極目的なのではなく、共同善へと秩序づけられるように、一つの家の善もまた、完全な共同体である一つの国の善へと秩序づけられる。したがって、ある「家族(familia)」を統宰する者は、何らかの「規定(praeceptum)」や「規約(statutum)」をつくることはできるが、しかし、本来、法としての「特質(ratio)」を有するには至っていない。[10]

「部分はすべて全体へと、不完全なものが完全なものに対するように秩序づけられており、一人の人間は、完全な共同体の部分である」から、「人間は家の部分である」。また、「家も村も国のもとに包含されている」ので、「家は国の部分である」。しかるに、「いかなる個別的なペルソナも共同体全体に対して、部分が全体に対するように関連づけられている」ことから、「一人の人間の善は究極目的なのではなく、共同善へと秩序づけられる」。すなわち、一人の人間の善は、それ自体が究極目的なのではなく、究極目的への必然的な欲求のもとに、善としての性格を有している。じっさい、「この人間の意志は一つの究極目的において存立している」[11]。さらに、共同体の部分という観点から、「部分のいかなる善も、全体の善へと秩序づけられ得るもの」であり、「究極目的への秩序づけ」は「共同善への秩序づけ」へと方向づけられる。

同様にまた、「家は国の部分である」から、「一つの家の善もまた、完全な共同体である一つの国の善へと秩序づけられる」ことになる。したがって、家において家族を統宰する者がめざすところの善は、全体である国の善へと秩序づけられなければならない。さらに、法は理性に属する「規則」や「基準」であるが、「法は共同善への秩序づけに即して最高度に語られる」以上、共同善への秩序づけに係わる者が法を創出することができると考えられるのである。[12]

## 第五節　共同体の完全性――共同善への秩序

かくして、「家族を統宰する者は、何らかの規定や規約をつくることはできる」としても、それらは「法としての特質」に達しているわけではない。家の善が国の善へと秩序づけられる限りにおいて、「法としての特質を有する」ためには、より多くの普遍性が求められるのであり、共同体を統宰するところの者のみが、本来的かつ厳密な意味において、法の創出に係わるのである。(13)

したがって、様々な共同体のうちに認められる「根源性に関する秩序」とは、「一つの家の善が、一つの国の善へと秩序づけられる」という、「善に関する秩序」を意味している。ある共同体が他の共同体に包含されるということは、前者の善が後者の善へと秩序づけられ得ることから、本来、可能になる。

さらに、「全体としての共同体」が、「ちょうど手や足が人間なしには存在し得ないように、一人の人間も国から離れては、自体的な仕方で自ら充足して生きることはない」というような、善に関する必要性に即して解されるように、「他の共同体を含む共同体が、より根源的である」ということもまた、善に関する多様な秩序づけ、すなわち、「共同善への秩序づけ」のもとに成立していると、いうことができよう。

このように、「完全な共同体」とは、「生きるために必要ないかなるものをも十分な仕方で人間が持てるように秩序づけられる」ような共同体を意味している。かかる共同体は、自らのうちに他の共同体を包含するところの、「国」である。家の善が村の善へと、村の善が国の善へと秩序づけられることによって、「人間は家の部分であるように、家は国の部分である」ということが現実化され、国が成立するわけである。

しかるに、国の善だけではなく、家の善も、村の善も、それぞれ「共同善」に他ならない。では、これらの共同善のあいだには、そもそもどのような関係が見出されるのであろうか。国が「完全な共同体」であるならば、家は「不完全な共同体」として位置づけられる。たとえば、家の部分である家族が生きていくためには、その家族が生きるために必要なものへの秩序づけがなければならない。そして、その秩序づけは、たとえば誰かが怪我をしただけでも不十分な状況に陥る危険性を伴っている。その意味で、秩序づけそのものは不安定であり、不完全である。

これに対して、国の場合は、そこに属する人々が生きるために必要なものに関して、多種多様な秩序づけが存している。すなわち、「生きるために必要ないかなるものをも十分な仕方で人間が持てるように秩序づけられるところのもの」に他ならない。したがって、その秩序づけはより安定しており、より完全である。このように、共同体が完全であるか、不完全であるかという区分は、かかる秩序づけに関する完全性として解することができるであろう。

さらに、このような「完全性」は、それぞれの共同体の善、すなわち「共同善」に関する完全性として捉えることもできよう。家で求められるのは、家族全員に係わる善である。これは、個々の人間にとっては最も直接的な善である。個々人は、究極目的への必然的欲求に基づいて、かかる善へと秩序づけられている。それは、家族全員の幸福に他ならない。

しかるに、徳を有する者であるならば、この秩序づけは、自分自身の幸福や家族の幸福にとどまらない。「一人の人間の善は究極目的なのではなく、共同善へと秩序づけられる」のであり、同様に、家の善に関しても、「一つの家の善もまた、完全な共同体である一つの国の善へと秩序づけられる」。

したがって、家の善も、村の善も、それぞれ「共同善」ではあるが、それは「不完全な共同善」であり、「最も根源的な共同体である」ところの「国」における共同善へと秩序づけられていると言わなければならない。じっさい、国には、「すべての人間的な善のあいだで集約された最も根源的な善が属している」のであり、「共同善は一つの善よりも、より善くより神聖なのである」。

ただし、以上の議論は、基本的にアリストテレスの『政治学』に基づいて展開されているという点は注意しなければならないであろう。[14] 今日の我々にとって、もはや国の次元での共同善だけで議論を終えることは許されない。しかし、「共同善への秩序づけ」という観点を維持するならば、「国」の概念をさらに押し広げていくことは十分可能である。[15] トマス自身、「共同善」を一般的な意味での「国」の次元だけでとどめているようには思われない。[16] その意味で、我々は、より大きな「共同善の実現」という、重要で実存的な課題の前に立たされているのである。[17]

# 第三章　共同体と秩序

## 第一節　共同体の実在性――目的に関する秩序づけ

「全体は、諸部分が生成の秩序においてより先であるにもかかわらず、自然本性的な仕方で対象領域の諸部分よりも、より先である」から、「個々の人間は国全体に対して、人間の諸部分が人間に対するように関係づけられる」[1]。この限りにおいて、共同体は部分である個々の人間よりも、より先に「存在」している。

たしかに、「実体」に即して捉えようとする場合、実在しているのは「ペルソナとしての個」であって、「共同体」ではない。たとえば、「家庭」という最も基本となる共同体においても、存在するのは個々の人間や建物としての家であって、家庭そのものは実在しているわけではない。もちろん、共同体として捉えられる限り、他の共同体から区別された何らかの存在性を有している。しかし、その「存在の様式」は、ペルソナのように、「他の者から区別されて自体的に自存しているという存在の様式」[2]ではないであろう。

では、共同体の「存在」とは、そもそもどのように解されるべきなのであろうか。「部分はすべて全体へと、不完全なものが完全なものに対するように秩序づけられている」[3]。この場合の「完全性」とは、「善」に即して捉えられ、「不完全なものが完全なものに対する秩序づけ」とは、本来、「部分の善の全体の善への秩序づけ」、すなわち

「共同善への秩序づけ」を意味していると言えよう。

すなわち、その場合の「完全性」とは、何よりも「善に関する完全性」を示しているのであり、より完全な善への秩序づけに即して、部分は全体へと秩序づけられる。かかる「善」が何を意味するかは、これから慎重に検討していかなければならないが、少なくとも、より完全な、より大きな善に対してでなければ、部分を全体へと秩序づけることはできないであろう。じっさい、人間は、目的である善への運動において、自らのはたらきの主なのである。

したがって、共同体が何らかの実在性を有するとするならば、かかる実在性は「共同善」に即して捉えられなければならないということになる。それは、「全体の善がそのいかなる部分にとっても目的であるように、共同善は、共同体のうちに存在している個別的な個々のペルソナにとっての目的である[4]」という場合の、まさに「目的としての実在性」として捉えられるであろう。

かくして、「人間は、自らのはたらきに関する主権を有しているが、その人間自身はさらに、他者に属する、すなわち、その部分であるところの共同体に属する[5]」ということは、「共同善は、共同体のうちに存在している個別的な個々のペルソナにとっての目的である」ということを前提にして、はじめて主張し得ることがらなのである。その意味で、「共同体の存在」は、「目的に関する秩序づけ」の上に成立していると言わなければならない。共同体のうちに存在している個々人が共同善を目的とするという仕方で、共同体は、個々のペルソナとは別の様態のもとに「存在」している。

たしかに、共同体の実在性は、個であるペルソナと同じ次元のものではない。しかし、ペルソナが、「不分明な個[6]」としてそこに共通するところの「共同体」は、ペルソナがそれへと目的として秩序づけられる限りにおいて、何らかの「実在性」に到達していると考えられる。その実在性とは、「一人の人間も国から離れては、自体的な仕方で自ら充足して生きることはない」[7]という仕方で、ペルソナとしての存在の前提になるような、いわば根源的な存在性であると言えよう。共同体は、個々のペルソナの生存に係わるところの、「目的に関する秩序づけ」に即して、存在しているのである。

## 第二節　共同体の普遍性——部分の意味

では、かかる共同体の実在性に対して、部分である個々のペルソナは、そもそもどのような仕方で関係づけられているのであろうか。「全体の善がそのいかなる部分にとっても目的である」から、共同善は個々のペルソナに対して「超越的」な位置にあることになる。そのため、「共同善への秩序づけ」が非常に強力な実在性を持つに至ると言えよう。しかし、かかる実在性は、たとえいかに大きいものであるとしても、ペルソナとしての個的実在性とは、次元を異にしている。

たしかに、「部分はすべて全体へと、不完全なものが完全なものに対するように秩序づけられている」。しかし、「部分の実在性」と「全体の実在性」は、同じ次元で成立しているわけではない。「全体は、諸部分が生成の秩序においてより先であるにもかかわらず、自然本性的な仕方で対象領域の諸部分よりも、より先」なのである。

このように、部分と全体は、「生成の秩序において」は部分がより先であり、「自然本性的な仕方で」は全体がより先である。この場合の「自然本性」が何を意味するかは、次の第三部以降で詳しく検討するにしても、ここに或る種の「ねじれ関係」が認められる。それは、物事の生成においては当然「より先」であるところの「個々の人間」

が、全体の部分として捉えられる限りにおいては、全体に対して「より後」として位置づけられるという、逆転した複層的な関係である。

その結果、「部分である個」と「全体である共同体」が、つねに調和的な仕方で相互に秩序づけられるとは限らないことになる。むしろ、両者が対立的な仕方で捉えられるという状況は、決して珍しいものではない。「共同善は、共同体のうちに存在している個別的な個々のペルソナにとっての目的である」ということは、我々にとって、考察の出発点とすべき前提であるが、それ自体は容易に自明であるとは言えない。このことは、前提であると同時に、我々が到達すべき課題なのである。

じっさい、人間は、「自らのはたらきの主権を持ち、他のもののように単に動かされるだけではなく、自体的な仕方ではたらくところの、理性的実体」として、「理性的本性を持った単一者」として、ペルソナと呼ばれる。(8) ペルソナとしての個別性とは、「究極目的への運動」における個別性に他ならない。

これに対して、全体である共同体の場合、その全体性は、「共同善への運動」に即して捉えられる。すなわち、共同体は、かかる運動に即して、ペルソナとは別の次元で、或る種の実在性に達しており、その実在性は、ペルソナの側からは、何らかの「普遍性」として捉えられるのである。

たしかに、「共同善への秩序づけ」に即して、個は共同体へと関連づけられる。「部分はすべて、自然本性的な仕方で、全体のために」あり、それゆえ、「いかなる個別的なペルソナも共同体全体に対して、部分が全体に対するように関連づけられている」。(9) 共同体は、かかる秩序づけに基づいて「存在」しているのであり、その実在性は、個々の人間にとって、まさに「自然本性的」である。

したがって、「個としての人間の超越性」は、本来、全体である共同体において成立していると考えられる。すなわち、「共同体の存在」とは、個々のペルソナがそこにおいて自らの超越性を基礎づけることができるところの、一種の「普遍性」なのであり、共同体は、かかる普遍的な次元において「実在」しているのである。

## 第三節　全体としての共同体——部分と全体

個々のペルソナと共同体の関係は、まさに、「個と普遍の関係」として捉えられよう。ペルソナの「個としての実在性」と、共同体の「普遍としての実在性」が、「部分と全体」という仕方で相互に位置づけられることになる。そして、本来、「部分は全体の普遍性において超越的である」と同時に、「全体は部分の超越性に即して普遍的である」と考えられる。

その一方、「部分の超越性」と「全体の普遍性」が、それぞれ成立する次元が異なることから、調和的ではなく対立的に位置づけられることもあり得る。かかる状況において、人間の個的超越性を共同体において有機的に基礎づけ、究極目的への運動を共同善への運動へと結びつけるところのものが、「法」に他ならない。「法は、最高度に、至福へと存する秩序づけに関係」すると同時に、「共通の幸福への秩序づけに関係することは必然」であり、「法はすべて、共同善へと秩序づけられる」(10)。

ところで、家であれ、都市であれ、国であれ、そこに属する者は共同体の一員、すなわち「部分」であり、それに対応する共同体は「全体」である。したがって、構造的には「部分と全体の関係」に他ならない。「法」が係わる「共同善への秩序づけ」は、かかる「部分と全体」の構造から出発しなければならない。しかるに、人間は個としての超越性を有しているから、「部分としての位置づけ」が、そのまま「共同体への関係づけ」を帰結するとは限らない。

しかし、ここでは「関係づけ」や「秩序づけ」の意味が問題である。この秩序づけを、「共同善への秩序づけ」の意味に解するならば、これは、「法」による秩序づけであるから、共同体に属する者すべてに当てはまるわけではない。法に反して、自己の善を共同善へと秩序づけないということは、現実的に珍しくはない。

したがって、この「関係づけ」や「秩序づけ」は、たとえば「法に反する者さえも秩序づけられる」というように、より広い意味に解さなければならない。じっさい、「個々の人間は国全体に対して、人間の諸部分が人間に対するように関係づけられる」という場合、個々の人間がその共同体に所属しているという観点からは、何らかの仕方で一括りにされるとしても、個の次元では、それぞれ「自らのはたらきの主」であり、行為のあり方は種々異なっている。そして、「共同善への秩序づけ」が自然本性的で必然的ではないからこそ、「法」が必要になると考えられる。

「部分はすべて全体へと、不完全なものが完全なものに対するように秩序づけ」られる。これは、いわば「構造的な秩序づけ」である。共同体に含まれる「部分」である限り、かりに共同体に反する者でさえも、そのような者として共同体に後続している。全体としての共同体とは、画一的な秩序づけではなく、多種多様な秩序づけに基づいていると言えよう。

すなわち、人間は、自らのはたらきの主であると同時に、共同体を自然本性的な仕方で必要としている。そのため、人間のうちには、かかる主権に即して、自己の個的な超越性を満たそうとする「ベクトル」と、共同体への必要性に即して、全体の普遍性においてより完全な善へと向かおうとする「ベクトル」が認められることになる。じっさい、「すべての人間のあらゆる交わりが生きるに必要な何かへと秩序づけられる以上、生きるために必要ないかなるものをも十分な仕方で人間が持てるように秩序づけられるところのものが、完全な共同体となるであろう」[11]。その結果、部分と全体の関係は、多種多様な仕方で方向づけられる。このような、様々な方向性を内包しながら、部分は部分である限り、全体へと必然的に秩序づけられるのである。

それゆえ、「全体としての共同体」とは、このような「多種多様な秩序づけの総体」を意味していると考えられる。人間はたしかに、共同体を必要としている。「共同体への秩序づけ」なしに、人間が人間らしく生きることは非常に困難である。しかし、この「共同体への秩序づけ」が「共同善への秩序づけ」を意味するか否かは、別の問題である。

「共同体への秩序づけ」を「共同善への秩序づけ」へと向かわしめるところのものが、「法」である。この意味で、法は共同体の存立に深く係わっている。また、逆に、「共同善への秩序づけ」は、「至福へと存する秩序づけ」に通じるものでなければならない。

「部分はすべて全体へと、不完全なものが完全なものに対するように秩序づけ」られるということは、本来、至福へと向かう個的な運動が、共同善への運動へと、何らかの仕方で秩序づけられ得ることを意味している。したがって、全体である共同体に対して自らをどのように位置づけるかは、部分である「個別的なペルソナ」の一人一人に課せられた、現実的で実存的な「課題」なのである。

## 第四節　共同体と法的正義――部分の善から全体の善へ

さて、この「実存的課題」に対して、「人間的行為に関する何らかの規則や基準」となるのが「法」である[12]。しかるに、人間的行為は、「そこに自らのはたらきに関する能動と受動の根源が存するところの、何らかの能動者」によって為されるのであり、「動かされて動かすというはたらきの根源に関して」、「能動者のうちに何らかの習慣が生ぜしめられ得る」[13]。人間的行為は、習慣による態勢づけを必要性としており、「習慣は事物の本性そのものへの秩序を意味するだけではなく、さらに帰結として活動への秩序をも意味するのであり、それはすなわち、活動が本性の目的であり、目的へと導く限りにおいてである」[14]。

したがって、自己の運動を、共同体において、正しく共同善への運動へと秩序づけるためには、「習慣」の次元での秩序づけが必要となるであろう。トマスは、『神学大全』第二—二部第五八問題第五項で、「正義（iustitia）は一般的な徳（virtus）であるか」を論じており、その主文で、次のように言っている。

何らかの共同体のもとに含まれる者はすべて、全体に対する部分として、その共同体に関係づけられることは明らかである。じっさい、部分とは全体に属するところのものであり、それゆえ、部分のいかなる善も、全体の善へと秩序づけられ得るものである。したがって、このことに基づいて、いかなる「徳」の善も、或る人間を自分自身へと秩序づけるとしても、自らを他の何らかの個別的な「ペルソナ」へと秩序づけるとしても、それへと正義が秩序づけるところの「共同善」にまで関連づけられ得る。そして、このことに即して、人間を共同善へと秩序づける限り、すべての徳のはたらきは正義に属することができる。この限りにおいて、正義は「一般的な徳」と言われる。また、先に述べたように、共同善へと秩序づけることが「法」に属していることから、先に言われた仕方で「一般的」であるところの、この正義は、「法的正義（iustitia legalis）」と呼ばれる。なぜなら、この正義を通じて人間は、すべての徳のはたらきを共同善へと秩序づけるところの「法」に、一致

するからである。(15)

何らかの共同体のもとにあるということは、その共同体に対して、全体に対する部分として関係づけられる。そして、「部分が全体に属する」ということは、「善」に即して捉えられる。すなわち、「部分のいかなる善も、全体の善へと秩序づけられ得る」わけである。しかるに、「徳の善」とは、その徳を有する個々人のうちに認められるが、その人間もまた共同体の部分であることから、その徳の善が自分自身へと秩序づける場合でも、他の人間へと秩序づける場合でも、「全体の善」としての「共同善」にまで関連づけることができる。

さらに、徳の中で、「人間を共同善へと秩序づける」ものが「正義」である。したがって、「共同善への秩序づけ」という観点から、徳のはたらきはすべて、正義に属するものとみなすことが可能となる。このように捉えられる正義は、そこにおいてすべての徳のはたらきが属しているという意味で、「一般的な徳」と呼ばれる。しかるに、「共同善への秩序づけに即して最高度に語られる」ところのものが「法」であるから、正義による共同善への秩序づけは、何より法に適合するものとなる。したがって、「一般的な徳」と呼ばれるところの正義は、「法的正義」と言われるわけである。

## 第五節　共同体と秩序——共同体の構造

徳としての正義は、習慣の側から、「究極目的への必然的欲求」を「共通の目的への欲求」へと向かわしめるところの、「特別な秩序づけ」に他ならない。すなわち、かかる「特別の秩序づけ」とは、「法」であり、「正義」である。「法」は、「人間的行為に関する何らかの規則や基準」であるから、かかる規則や基準として人間的行為を共同善へと向かわしめる「特別な秩序づけ」である。

じっさい、「法は共同善への秩序づけに即して最高度に語られる以上、特殊的なはたらきに関する他のいかなる規定も、共同善への秩序づけに即することなしに法としての性格を持つことはない」[16]。法としての性格は、最終的には「共同善への秩序づけ」に即して、成立しているのである。

これに対して、「正義」は「人間を共同善へと秩序づける」徳である。すなわち、正義は「部分のいかなる善も、全体の善へと秩序づけられ得る」という可能性を現実化せしめる「特別な秩序づけ」である。このように、「法」と「正義」を通じて、「究極目的への運動」は「共同善への運動」へと秩序づけられるのである。

ところで、その「いかなる善も、全体の善へと秩序づけられ得る」ということから、「部分」は「不完全なもの」として、逆に「全体」はかかる秩序づけに即して「完全なもの」として、それぞれ位置づけられる。そして、この場合の「完全性」とは、本来的には「共同善への秩序づけ」に即して捉えられる。

それゆえ、「部分はすべて全体へと、不完全なものが完全なものに対するように秩序づけられて[17]」いるという場合の「完全性」とは、「善に関する完全性」であり、「共同善に即した完全性」を示している。そして、より完全な善を目的とするという仕方で、部分は全体へと秩序づけられることになる。

かくして、「共同体」そのもの自体が、或る種の、そして重層的な「秩序」において成立していると言えよう。まず、第一に、共同体の内部においては、部分から全体への秩序が認められる。「部分はすべて全体へと、不完全なものが完全なものに対するように秩序づけられて」おり、「部分はすべて、自然本性的な仕方で、全体のためにある」。共同体とは、このような内的な秩序に即して、何らかの「実在性」に達している。

この場合の秩序は、個の次元における「究極目的への運動」を「共同善への運動」へと方向づけ、個における超越性を共同体としての普遍性へと結びつけるものである。これが、「法」による、「至福」への、「共通の幸福」への、「共同善」への「秩序」に他ならない。じっさい、「いかなる徳の善も、或る人間を自分自身へと秩序づけるとしても、自らを他の何らかの個別的なペルソナへと秩序づけるとしても、それへと正義が秩序づけるところの共同善にまで関連づけられ得る」のである。

次いで、第二に、各共同体のあいだにおける「秩序」が、共同体の成立に係わっている。「共同体は何らかの全体であり、あらゆる全体においては、自らのうちに他の全体を含むところの全体がより根源的であるという秩序が見出され」、「他の共同体を含む共同体が、より根源的である」[18]。共同体のあいだには、より大きな共同体がより小さな共同体を包含するという仕方で、その根源性に係わる秩序が認められる。

この秩序も、善に即して捉えられる。「一人の人間の善は究極目的なのではなく、共同善へと秩序づけられるように、一つの家の善もまた、完全な共同体である一つの国の善へと秩序づけられる」のである[19]。家の善が村の善へと、村の善が国の善へと方向づけられるに応じて、共同体全体は有機的に秩序づけられると言えよう。「じっさい、家も村も国のもとに包含されている」からこそ、「かかる政治的共同体そのものは最も根源的な共同体」と位置づけられるが、それは、「すべての人間的な善のあいだで集約された最も根源的な善が属している」からに他ならない[20]。

さらに、第三に、「共同善への秩序」という方向性において、共同体は存立している。「部分のいかなる善も、全体の善へと秩序づけられ得る」のであり、この場合の「部分」とは、共同体内部における「個々のペルソナ」という意味にも、より根源的な共同体の内部における「部分としての共同体」の意味にも、解することができよう。共同体とは、共同善へと秩序づけられるところの、何らかの全体なのである。

「共同体」という存在自体が、共同善への方向性において成立している。その内外に様々なベクトルを伴いながら、或る集団が共同体となり得るのは、何らかの仕方で共同善へと秩序づけられるからに他ならない。ただし、かかる方向性が、つねに倫理的な意味での善へと向かっているか否かは、また別の問題である。

このように、「共同体」は、様々な秩序に即して存在している。むしろ、「共同体」という「名」そのものが、何らかの秩序を意味しているということもできよう。そして、この秩序は、法と正義を通じて、共同善へと正しく方向づけられる。

その一方、「意志の対象は、目的かつ善」であり、「すべての人間的行為は目的のためにあるものでなければならない」[21]としても、人間的行為が必ずしも倫理的な意味での「善」へと向かっているとは限らない。これと同様に、共同体がそれに即して成立するところの「秩序」は、本来、「共同善への運動」へと方向づけられているにもかかわらず、必ずしも「すべての徳のはたらきを共同善へと秩序づけるところの法」に即しているとは限らない。

究極目的への運動を正しく方向づけることも、この運動を共同善への運動へと結びつけることも、「法」によってはじめて可能になる[22]。そして、この法に即して具体的な仕方で共同善へと秩序づける徳が「正義」に他ならない[23]。法と正義は、共同体の存立に不可欠である。この事実は、逆に、個のあり方が、共同体のあり方が、いかに本来の秩序からかけ離れているかを、如実に物語っている。

「何らかの共同体のもとに含まれる者はすべて、全体に対する部分として、その共同体に関係づけられることは明らかである」。しかし、その「関係づけ」がいかなる内容であるかは、我々一人一人の「主権」にかかっているのである。

# 第三部　共同体と自然法

# 第一章　自然法と習慣

## 第一節　部分の運動——自然本性と目的

「全体は、諸部分が生成の秩序においてより先であるにもかかわらず、自然本性的な仕方で対象領域の諸部分よりも、より先である」から、「個々の人間は国全体に対して、人間の諸部分が人間に対するように関係づけられ」、「ちょうど手や足が人間なしには存在し得ないように、一人の人間も国から離れては、自体的な仕方で自ら充足して生きることはない(1)」。個々の人間は、自然本性的な仕方でより先に存在している共同体へと、或る種の必然性を伴って秩序づけられている。

このように、部分の全体への秩序づけは、「自然本性的」であると考えられる。じっさい、「部分はすべて、自然本性的な仕方で、全体のためにある(2)」。では、この場合の「自然本性」とは、そもそもどのようなことを意味しているのであろうか。この第三部では、「自然法」という観点から、この問いに答えていきたい。

まず、「全体の善がそのいかなる部分にとっても目的であるように、共同善は、共同体のうちに存在している個別的な個々のペルソナにとっての目的である(3)」。共同体は、かかる「共同善への秩序」に即して、何らかの仕方で「存在」していると考えられる。それは、まさに「目的としての実在性」に他ならない。

したがって、「全体が自然本性的な仕方で部分よりも先である」という場合の、「自然本性的」という性格は、「全体の善が部分の目的である」という点から由来していると考えられる。すなわち、部分が自然本性的な仕方で全体の善を目的としていることから、「全体が部分より先である」ということが、そして、「部分はすべて全体のためにある」ということが、自然本性的に主張されるわけである。(4)

ところで、「意志の対象は、目的かつ善である」から、「すべての人間的行為は目的のためにあるものでなければならない」(5)。人間がその主であるところの人間的行為は、「目的のために」という仕方で、目的へと意志より発出する行為である。人間の主権は、このような目的への運動において成立している。

たしかに、「意志は必然に基づいて至福である究極目的に密着していなければならない」(6)。その意味で、「目的への運動」は「究極目的への運動」へと、必然的な仕方で収斂されるのであり、「すべての人間には自然本性的な仕方で一つの究極目的が属しているように、この人間の意志は一つの究極目的において存立している」(7)。人間的行為は、一なる究極目的への必然的な欲求のもとに展開され、「究極目的への欲求は、我々がその主であることがらには属していない」(8)。

その一方、目的への運動が究極目的への運動に即して成立しているとしても、人間的行為の倫理的性格は、究極目的ではなく、目的の側から決定される。すなわち、「人間的行為は、能動という仕方で観られるにせよ、受動という仕方で観られるにせよ、いずれの仕方でも目的から種を獲得する」のである。(9)

このように、人間的行為の種的な性格は、目的から受け取られる。いかなる目的によって動かされ、いかなる目的へと動かすかという仕方で、その人間的行為の倫理的性格は、行為の主であるところの人間へと帰せられる。究極目的への欲求は必然的であるとしても、「目的への運動」の次元では、自らの行為に関する主権のもとに、種々異なった仕方で行為は方向づけられているのである。

それゆえ、自然本性的な仕方で、全体が部分より先であり、部分が全体の善を目的として「全体のためにある」という場合も、同様に考えられるのではないだろうか。じっさい、かりに部分が部分である限り、必然的な仕方で全体の善を目的としているとしても、その「部分の運動」が有する倫理的性格は、それが人間的行為である限り、目的から受け取られなければならないのである。

目的への運動は、自然本性的な仕方で、究極目的への運動に即して展開されるように、部分の運動も、自然本性的な仕方で、全体の善への運動に即して成立している。しかし、これはいわば構造的な意味での秩序づけであり、個別的な次元においては、運動の倫理的性格は「目的」の側から決定される。

その意味で、部分は全体へと自然本性的な仕方で秩序づけられているとしても、また、部分の運動が、部分である限り、自然本性的な仕方で全体の善へと向かっているとしても、部分の運動がいかなる倫理的性格を伴うかは、目的の側から、自然本性的にではなく個別的な仕方で受け取られる。すなわち、「自然本性的な構造」の中で、全体の善を目的とする「部分の運動」が、それぞれ個別的な仕方で展開されるわけである。

## 第二節　習慣の区別――本性への適合性

たしかに、「全体の善がそのいかなる部分にとっても目的であるように、共同善は、共同体のうちに存在している個別的な個々のペルソナにとっての目的である」。しかし、個々のペルソナがつねに共同善のためにはたらいている(10)わけではない。そうでないからこそ、「共同善への秩序づけに即して最高度に語られる」ところの「法」や、

「人間を共同善へと秩序づける限り、すべての徳のはたらきが属する」ところの「正義」[11]が、共同体の存立に不可欠なものとして特徴づけられているのである。

しかるに、人間は、「その部分であるところの共同体に属する限りにおいて、自らのはたらきが善く、ないし悪しく態勢づけられるに応じて、何か功徳に値したり業障に値したりする」[12]。この場合、「自らのはたらきが善く、ないし悪しく態勢づけられる」ということは、まさに習慣を通じて具体化されると考えられる。じっさい、「習慣は事物の本性そのものへの秩序を意味するだけではなく、さらに帰結として活動への秩序をも意味するのであり、それはすなわち、活動が本性の目的であり、目的へと導く限りにおいてである」[13]。

このように、人間は、自らを態勢づける習慣によって、自らが属する共同体に対して、「何か功徳に値したり業障に値したりする」ことになる。したがって、人間をまったく個別的な仕方で態勢づけるところの習慣は、その人間が共同体の部分として観られる場合、「功徳」や「業障」という正義、特に「交換的正義」の性格に即して捉えられ得ることになる。

たしかに、人間的行為は、「自己の行為」であると同時に、「部分の行為」でもある。自己と他者、そして共同体を、それぞれの善へと有機的に秩序づけるという点に、正義の動的な構造が認められるであろう。正義に関しては後に論じるとしても、少なくとも「事物の本性そのものへの秩序」に即して、共同善へと秩序づける徳が正義であると言えよう。「いかなる徳の善も、或る人間を自分自身へと秩序づけるとしても、自らを他の何らかの個別的なペルソナへと秩序づけるとしても、それへと正義が秩序づけるところの共同善にまで関連づけられ得る」のである。[14]

では、かかる「事物の本性そのものへの秩序」とは、そもそも何を意味しているのであろうか。トマスは、習慣の「区別」について扱っている、第二―一部第五四問題第三項の主文で、本性への秩序づけにおける、「本性への適合性」か「本性からの不適合性」に基づく区別に関して、次のように言っている。

この仕方で、善い習慣と悪い習慣が、「種」において区別される。じっさい、能動者の本性に適合するはたらきへと態勢づける習慣が「善い」と言われ、これに対して、その本性に適合しないはたらきへと態勢づける習慣が「悪い」と言われる。まさに、「徳」のはたらきは、「理性に即する」ということに基づいて、人間の本性に適合しているが、これに対して「悪徳」のはたらきは、「理性に反する」ゆえに、人間の本性から離反しているのである。(15)

習慣の善悪は、能動者の本性への適合・不適合という点から区別される。習慣が態勢づけるところのはたらきが能動者の本性に適合するか否かで、習慣には「善い」、「悪い」の区別が認められる。そして、人間は理性的本性を有しているから、「理性に即する」という仕方で、「理性的本性に適合するはたらきへと態勢づける習慣」が、「善い習慣」であり、これが「徳」である。その一方、「理性に反する」という仕方で、「理性的本性に適合しないはたらきへと態勢づける習慣」が、「悪い習慣」であり、これが「悪徳」ということになる。(16)

徳とは、「本性への秩序づけ」において、人間の理性的本性に適合するはたらきへと態勢づける習慣であり、悪徳とは、「本性への秩序づけ」において、人間の理性的本性に適合しないはたらきへと態勢づける習慣なのである。それゆえ、「事物の本性そのものへの秩序」とは、習慣が、それに即して能動者を具体的な仕方で善や悪へと態勢づけるところのものに他ならない。かかる「秩序」が能動者の本性に適合しているか否かに応じて、習慣には、「善い」、「悪い」という区別が帰せられるのである。

## 第三節　部分の習慣と共同体——共同体における態勢づけ

では、このような習慣の区別に即して、個と共同体の関係はどのように捉えられ得るのであろうか。まず、「能動者の本性」とは、この場合、人間の理性的な本性を意味している。そしてこの本性が、人間の「個的」で「共同体的」な性格を可能にしていると言えよう。人間は、「自らのはたらきの主権を持ち、他のもののように単に動かされるだけではなく、自体的な仕方ではたらくところの」、「理性的本性を持った単一者」[17]としてのペルソナであると同時に、共同体を必要としており、「個々の人間は国全体に対して、人間の諸部分が人間に対するように関係づけられ」ている。

たしかに、人間はすべて、人間である限りこの理性的本性において共通している。その一方、習慣が係わるところの「本性への秩序」において、「能動者の本性に適合するはたらきへと態勢づける」か、「その本性に適合しないはたらきへと態勢づける」かに応じて、習慣そのものの「種」は受け取られ、「種において区別される」ことになる。

しかるに、この場合の「態勢づけ」は、厳密には「能動者の本性」に即して、個別的に捉えられるとしても、「共同体の部分」として観られる場合、「部分の全体への態勢づけ」という仕方でも、逆に「全体から部分への態勢づけ」という仕方でも解され得るように思われる。すなわち、「部分の習慣に基づく全体への態勢づけ」だけではなく、「全体からの、部分の習慣への態勢づけ」というようにである。

たとえば、「家」という共同体の場合、家族一人一人の習慣は、それ自体としてはまったく個別的であるとしても、部分と全体という観点からは、「部分の習慣」という仕方で位置づけられ、一人の習慣は、その共同体全体に係わる意味を持ち得る。家という共同体は、「部分から全体への態勢づけ」と、「全体から部分への態勢づけ」に即して、具体的な仕方で存続するようになると考えられる。同様に、「村」でも「国」でも、「全体から部分への態勢づけ」が一つの重要な成立要因になっているとしても、このこと自体は、「部分から全体への態勢づけ」に基づかなければ成立し得ないのである。

したがって、この限りにおいて、共同体とは、部分と全体の関係における「態勢づけに関する共同性・共通性」に即して成立していると言えよう。そして、その態勢づけるところのはたらきが能動者の本性に適合するか否かに応じて、「個」としての性格だけではなく、共同体そのものの性格も種において区別されることになる。

すなわち、「善き共同体」とは、理性的な本性に適合するはたらきへと態勢づける仕方で、そこに部分と全体が相互に秩序づけられる共同体であり、「悪しき共同体」とは、理性的本性に適合しないはたらきへの態勢づけへと相互に秩序づける共同体というようにである。じっさい、「悪への傾き」は、個の次元においてもきわめて強力であるが、共同体の次元ではさらに、部分と全体相互の態勢づけを通じて、より強固なものになると考えられる。

ところで、共同体が「部分から全体への態勢づけ」と「全体から部分への態勢づけ」に即して成立しているとするならば、この態勢づけは、人間の個的な超越性を前提にするものでなければならない。もし、個としての人間の超越性が全体である共同体の中で埋没し、解消されるならば、それは「悪しき全体主義」であるし、逆に全体への態勢づけを無視して個的な超越性のみを主張するならば、これは「悪しき個人主義」であると考えられる。

人間は、究極目的への運動に即して、「個において超越的」である。しかし、このことは同時に、かかる運動に即して「共同体において普遍的」であり得ることを意味しているのではないだろうか。すなわち、究極目的への運動において、人間はいかなる共同体にも還元されない個としての超越性を有する一方、全体である共同体への秩序づけそのものも、この運動によって、何らかの仕方で可能になる。そして、「究極目的への運動」を「共同善への運動」へと結びつけるものが、「法」であり、「正義」なのである。この限りにおいて、人間が自らの至福へと個別的な仕方で向かうところの、「個別的な運動」そのものが、本来、普遍的な全体である共同体において成立しているということができよう。

## 第四節　自然法とは何か――永遠法と自然法

たしかに、「能動者の本性に適合するはたらきへと態勢づける習慣が善いと言われ、これに対して、その本性に適合しないはたらきへと態勢づける習慣が悪いと言われる」。では、能動者の本性に適合するか否かは、いったいどのような仕方で区別されるのであろうか。トマスは、「我々のうちに何か自然法（lex naturalis）というものが存するか」を論じている、『神学大全』第二―一部第九一問題第二項の主文で、次のように言っている。

すべてのものは、「永遠法（lex aeterna）」の「刻印（impressio）」に基づいて固有なはたらきと目的への「傾き（inclinatio）」を有する限り、何らかの仕方で永遠法を分有していることは明らかである。（中略）それゆえ、理性的被造物自身においては、それによって然るべきはたらきと目的への「自然本性的な傾き」を有するところの、永遠なる「理念（ratio）」が分有されている。そして、理性的被造物における永遠法のかかる「分有（participatio）」が、「自然法」と言われる(18)。

永遠法とは、万物の統宰理念であるが[19]、被造物の側から観るならば、それによって統宰される限り、すべてのもののうちには永遠法が刻印されている[20]。その結果、すべてのものは、それに基づいて自らに固有なはたらきや目的へと向かう「傾き」を有する[21]。しかるに、「人間が他の非理性的被造物から異なっているのは、自らのはたらきの主であるという点においてである」から、「人間は、理性と意志によって自らのはたらきの主」であり、「本来的な意味で人間的と言われる行為は、考量された意志から発出する行為である[22]」。

したがって、理性を欠いた存在は、自らに内在する「固有なはたらきと目的への傾き」を通じてのみ動かされる。これに対して、理性的な存在は、「自らのはたらきの主権を持ち、他のもののように単に動かされるだけではなく、自体的な仕方ではたらく」以上、単に自然本性的な傾きを通じて動かされることによってではなく、自己を統宰している。ここから、永遠法の刻印に基づく傾きは、理性的被造物の場合、まさに「理性に属する」以上、法としての性格を持つに至る[23]。それゆえ、理性的被造物における永遠法の分有は、単なる「自然本性的な傾きの所有」ではなく、「自然法」として位置づけられる[24]。

人間のうちには永遠法の分有へと向かう傾きが内在しており、その傾きを通じて、「自然法」は人間を善へと秩序づける[25]。その意味で、自然法は、人間にとって根源的な「法」であり、人間の行動はこの法によって秩序づけられることが可能になる[26]。自らのはたらきの主としての主権も、究極目的への運動も、この自然法によって規制され、導かれ得るのである[27]。

したがって、「能動者の本性に適合するはたらきへと態勢づける習慣が善いと言われ、これに対して、その本性に適合しないはたらきへと態勢づける習慣が悪いと言われる」という場合において、能動者の本性に適合するか否かを区別する根拠となるものは、まさにこの「自然法」であるということになる。(28) じっさい、トマスは、『神学大全』第二―一部第九三問題の第六項で、「人間的なことがらはすべて永遠法のもとにあるか」を論じており、その主文で、次のように言っている。

いかなる理性的被造物にも、永遠法に調和したところのものへと向かう自然本性的傾きが内在している。じっさい、『倫理学』第二巻で言われているように、我々は徳を持つべくして生まれついている。(29)

「人間は、理性と意志によって自らのはたらきの主」であり、自らの理性と意志によって自らのはたらきを自由に方向づけることができる。「我々は、これかあれかを選択することができるということに即して、我々のはたらきの主である」(30)。この限りにおいて、人間は自らの理性と意志によって、「理性に即するということに基づいて、人間の本性に適合している」ところの「徳のはたらき」を持つことも、「理性に反するゆえに、人間の本性から離反している」ところの「悪徳のはたらき」を持つことも、可能になる。

すなわち、人間が自らの理性と意志によって、「人間が自分自身を動かす、そして、人間が自分自身によって動かされるということに基づいて」、「人間的行為は、能動という仕方で観られるにせよ、受動という仕方で観られるにせよ、いずれの仕方でも目的から種を獲得する」(31)以上、人間が理性によって動かし動かされるということと、そのような能動と受動において理性に即しているか否かということは、区別して捉えられなければならない。

しかるに、「実践理性が係わるところの、実践的なことがらにおける第一の根源は究極目的である」(32)から、理性に即するか否かは、究極目的への運動において捉えられると考えられる。したがって、人間は自らの理性によって徳のはたらきも悪徳のはたらきも為し得るが、それにもかかわらず究極目的が根源である限り、人間には理性に即するものへの「自然本性的な傾き」が、何らかの仕方で内在している。[33]

じっさい、理性的本性の所有ということ自体が、統宰理念に基づいている。それゆえ、先の「それによって然るべきはたらきと目的への自然本性的な傾き」とは、「永遠法に調和したところのものへと向かう自然本性的傾き」として捉えられる。そしてこの傾きとは、「理性に即するということに基づいて、人間の本性に適合している」ことから、「我々は徳を持つべくして生まれついている」わけである。

## 第五節　自然法と習慣——自然法の位置

たしかに人間は理性を有しており、その限りにおいて自然本性的な傾きから自由である。[34] しかし、このことは、「人間の行為は、理性と意志に基づく限り、行為の選択に関しては、自然本性的な仕方で一つのものへと限定されていない」ということを意味するのであって、「人間的行為は自然本性的な限定を受けない」ということを意味してはいない。人間は、永遠法の分有によって、然るべき行為への自然本性的な傾きを有している。そして、この傾きに合致するか否かを決める規則なり基準が、自然法である。

では、そもそも、「理性的被造物における永遠法の分有」である自然法は、人間にとって何なのであろうか。トマスは、『神学大全』第二—一部第九四問題で自然法について扱っており、その第一項主文で、自然法と習慣に関して次のように言っている。

何かは二通りの仕方で「習慣」と言われ得る。一つは、「本来的」かつ「本質的」にであり、この場合、自然法は習慣ではない。じっさい、先に述べられたように、自然法は「理性を通じて確立された或るもの（aliquid per rationem constitutum）」であって、それは、「命題（propositio）」が理性の何らかの「作品（opus）」であるようにである。しかるに、「誰かが為すところのもの（quod quid agit）」と「それによって誰かが為すところのもの（quo quis agit）」とは同じではなく、或る人は、文法の習慣によって、適切な「陳述（oratio）」をなすのである。したがって、習慣は「それによって誰かが為すところのもの」であるから、何らかの法が本来的かつ本質的に習慣であるということはあり得ない。もう一つでは、習慣は、「習慣によって保たれるところのもの（id quod habitu tenetur）」であると言われ得る。「信仰（fides）」によって保たれるものが信仰であると言われるようにである。この場合、自然法の「規定」は、或る時は理性によって現実に考えられているが、或る時は、理性においてただ「習慣的に（habitualiter）」存しており、この仕方で自然法は習慣であると言われ得る。それは、「思弁的なもの（speculativus）」における「論証不可能な諸原理（principia indemonstrabilia）」が、原理の習慣そのものではなく、習慣がそれに属するところの原理であるのと同様である。(35)

自然法は、法である以上、人間的行為に関する何らかの規則や基準であり、理性に属している。(36)しかるに、自然法の規定そのものは、理性を通じて構成されていると考えられる。じっさい、どのような規定でも、それが規定として解されるためには、理性によって構成された「命題」という形式をとるであろう。

これに対して、習慣とは、「動かされて動かすというはたらきの根源に関して」、能動者のうちに生ぜしめられ得るものであり、(37)「習慣は事物の本性そのものへの秩序を意味するだけではなく、さらに帰結として活動への秩序をも意味するのであり、それはすなわち、活動が本性の目的であり、目的へと導く限りにおいてである」。したがって、自然法は、理性によって確立された規則であり、基準であるが、それによって行為を現実的に態勢づける「活動の根源」ではないから、本来的、本質的な意味での習慣としては位置づけられない。

その一方、自然法は、「それによって然るべきはたらきと目的への自然本性的な傾きを有するところの、永遠なる理念」の分有であり、「永遠法に調和したところのものへと向かう自然本性的傾き」に即して成立している。そして、法は理性に属する以上、自然法は理性において習慣的な仕方で保持されている。それゆえ、習慣によって保たれる原理に相当する位置にある限りにおいて、派生的な仕方で、自然法は習慣であるということができる。自然法は、理性のうちに内在する規則であり、習慣がそれに係わるところの原理として、「習慣によって保たれる」。理性のうちに習慣的な仕方で見出されるところの、思弁的なことがらにおける論証不可能な諸原理に相当するものが、自然法なのである。

# 第二章　自然法と共同善

## 第一節　実践理性と自然法——第一の規定

自然法とは、「それによって然るべきはたらきと目的への自然本性的な傾きを有するところの、永遠なる理念」の「分有」であり、[1]「理性を通じて確立された或るもの」であって、「習慣がそれに属するところの原理」に他ならない。[2] 自然法は習慣ではないが、理性において習慣的な仕方で保持されており、自然本性的な傾きに基づいて、人間の行為を導く規則なり基準である。

じっさい、「人間を共同善へと秩序づける限り、すべての徳のはたらきは正義に属することができる」ことから、「正義は一般的な徳と言われる」が、「この正義を通じて人間は、すべての徳のはたらきを共同善へと秩序づけるところの法に、一致する」ゆえに、「先に言われた仕方で一般的であるところの、この正義は、法的正義と呼ばれる」。[3] すなわち、永遠法の分有である自然法は、「それによって然るべきはたらきと目的への自然本性的な傾きを有するところの」ものであり、究極目的へと、そして共同善へと秩序づける法に一致する習慣である正義が、「一般的な徳」として、「法的正義」として位置づけられることになる。自然法そのものが習慣なのではなく、自然法を原理とする習慣が正義という徳であると言えよう。

しかるに、「自然法の規定は、或る時は理性によって現実に考えられているが、或る時は、理性においてただ習慣的に存しており、この仕方で自然法は習慣であると言われ得る」(4)。では、「自然法の規定」とは、そもそも何を意味しているのであろうか。トマスは、自然法について扱っている『神学大全』第二―一部第九四問題の、第二項で、自然法の規定の数を問題にしており、その主文で次のように言っている。

「有（ens）」が「端的な仕方で把捉に入る第一のもの（primum quod cadit in apprehensione simpliciter）」であるように、「善」は、「行動（opus）」へと秩序づけられる「実践理性の把捉に入る第一のもの」である。なぜなら、すべての能動者は、「善の性格（ratio boni）」を有するところの、「目的のために」はたらくからである。それゆえ、実践理性における第一の原理は、「善とはすべてのものが欲求するものである」という、「善の性格」に基づいて確立される。したがって、「善は実行すべき、追求すべきものであり、悪は避けるべきものである」ということが、法の第一の規定である。そして、「自然の法（lex naturae）」の、すべての他の規定はこのことに基づいて確立される。すなわち、実践理性が自然本性的な仕方で人間的な善であると捉えるところの、実行すべきあるいは避けるべきことのすべてが、自然の法の規定に係わっているのである(5)。

「人間は、理性と意志によって自らのはたらきの主」であり、人間的行為は「考量された意志から発出する行為」であるが、「或る能力から発出する行為はすべて、能力の対象が有する性格に即して、その能力から原因され」、「意志の対象は、目的かつ善である」から、「すべての人間的行為は目的のためにあるものでなければならない」(6)。この限りにおいて、「善は、行動へと秩序づけられる実践理性の把捉に入る第一のもの」であり、「すべての能動者は、善の性格を有するところの、目的のためにはたらく」ことが必然的である。すなわち、意志のはたらきは、何らかの善を目的とする仕方で現実化される。人間的行為は、理性によって考量された意志より目的へと発出する行為に他ならない。しかるに、目的とされるところの「善の性格」とは、「善とはすべてのものが欲求するものである」ということを意味している。「実践理性における第一の原理」はこの性格に即しており、そのため、「善は実行すべき、追求すべきものであり、悪は避けるべきものであるということが、法の第一の規定」として位置づけられる。(7)

このように、「目的としての善」に即して、実践理性のはたらきは構成されており、善は「実践理性の把捉に入る第一のもの」となる。したがって、実践理性における第一の原理は、欲求の対象としての「善の性格」に基づいて成立し、その結果、「善は実行すべき、追求すべきものであり、悪は避けるべきものである」ということが、法における第一の規定となる。

さらに、「実践理性が自然本性的な仕方で人間的な善であると捉える」ということは、「然るべきはたらきと目的への自然本性的な傾き」の所有によって可能になると言えよう。このことから、自然法の規定には、実践理性がそのように捉えるところの、「実行すべきあるいは避けるべきことのすべて」が係わるわけである。そして、かかる把捉に基づく「行為の判断」において、「規則」や「基準」となるものが「自然法の規定」であり、この規定によって、人間は然るべき目的へと自らを秩序づけることができる。

かくして、「善は実行すべき、追求すべきものであり、悪は避けるべきものであるということ」に基づいて、自然法の規定は成立している。自然法とは、善を追求し、悪を避けるという仕方で、「然るべきはたらきと目的」へと導くところの「法」であり、人間は、自然法を通じて、究極目的へと、共同善へと秩序づけられることが可能になるのである。

## 第二節　自然法の規定——善への傾き

自然法とは、「それによって然るべきはたらきと目的への自然本性的な傾きを有する」という仕方での「永遠法の分有」である。この「法」は、自然本性に属するという意味で「自然の法」であり、自然本性的であるという意味で「自然法」であると言えよう。

では、「自然法の規定」と「自然本性的傾き」とは、そもそもどのような関係にあるのであろうか。トマスは先の引用と同じ第二—一部第九四問題第二項主文で、続けて次のように言っている。

善は目的という性格を、これに対して悪はその反対の性格を持つがゆえに、それへと人間が自然本性的な傾きを持つところのものをすべて、理性は、自然本性的な仕方で、善なるものとして、そしてその結果、行動によって追求すべきものとして捉え、また、それらとは反対のものを、悪であり避けるべきものとして捉える。それゆえ、自然本性的な傾きの秩序に即して、自然の法の規定に関する秩序は存している。(8)

「意志の対象は、目的かつ善である」から、「善」は目的としての性格を、これに対して、善に対立するところの「悪」は目的に反する性格を、本来有している。そのため、人間のうちには「悪を避け、善へと向かう」ところの「自然本性的な傾き」が存しており、「実践理性が自然本性的な仕方で人間的な善であると捉える」ということは、この「傾き」に基づいていなければならない。

すなわち、実践理性は、その規則である自然法に基づいて、かかる傾きに適ったものを「善なるもの」として捉え、それを追求するように命じ、その傾きに反するものを「悪なるもの」として捉え、それを避けるように命じる。したがって、「自然法の規定」は、追求すべきものとして善へと向かい、避けるべきものとして悪から遠ざかるところの「自然本性的な傾き」に即して成立している。このように、自然法の規定は、かかる自然本性的な傾きに基づいて構成されているのである。(9)

では、その規定とは、具体的にはどのようなことを意味しているのであろうか。トマスはさらに、同じ主文で、それに基づいて自然法の規定が秩序づけられるところの、人間に内在している「自然本性的傾き」を、三つの段階に分けている。

まず、第一の傾きは、「そこにおいてすべての実体と共通するところの自然本性に即する」もので、「この傾きに即して、自然法には、それを通じて人間の生命が保全され、また、それに反するものが妨げられるということが属する」。次に、第二には、「そこにおいて他の諸動物と共通しているところの自然本性に即した、何かより特別なものへの傾き」であり、これに関しては、「子の教育」のような、「自然がすべての動物に教えたところのものが自然法に属する」。そして、第三は、人間にとって固有である「理性の本性に即した善への傾き」であり、「社会のうちに生きること（quod in societate vivat）」などへの、自然本性的な傾きに関係するところのものが自然法に属する。(10)

「人間に内在する自然本性的な傾き」と言っても、その傾きは、人間という存在そのものの多様性に即して多元的に考えられ、それに伴って、自然法の規定も多元的に捉えられる。まず、すべての実体と共通する次元では、自然法は「生命の保全」に係わり、次いで他の動物と共通する次元では、動物としてのあり方に係わり、そして人間

に固有な次元では、理性的本性のあり方に係わる。(11)

人間は有としての「実体」であり、魂と身体からなる「動物」であり、理性的本性を有する「ペルソナ」である。したがって、人間に内在する自然本性的な傾きは、それぞれの段階に応じて人間を固有な善へと秩序づける。自然法は、人間のうちに認められる様々な自然本性的傾きに基づいて、実体としての人間を、動物としての人間を、そして、理性的本性を有する者としての人間を、為すべき善へと秩序づける規則である。自然法の規定は、かくして、人間の全存在に係わっており、様々な次元で「善を求め、悪を避ける」ように導く。その限りにおいて、人間的行為は、人間という存在そのものの多様性に即して、自然法を通じて正しく秩序づけられると言えよう。(12)

じっさい、自然本性的な傾きは、すべてのものを、そのものの善へと秩序づける。しかし、人間には、「永遠法に調和したところのものへと向かう自然本性的傾きが内在している」(13)。その結果、自然本性的な傾きに基づく秩序づけを「法」として捉えることが可能になる。(14)したがって、人間は、自らを自らの判断において動かすという仕方で、自らのはたらきの主として永遠法に服しており、その行為の倫理的性格は、永遠法の分有である自然法に基づいて規定されているのである。

## 第三節　自然法と徳——有徳なる行為

このように自然法は、人間に内在する「自然本性的な傾き」に即して、人間の行為を秩序づける。しかるに、人間を具体的な行為へと態勢づけるものが「習慣」であり、人間の本性に適合した習慣が「徳」である。では、徳と自然法はいかなる関係にあるのであろうか。トマスは、同じ第九四問題の第三項で、「すべての徳のはたらきは自然法に属するか」を問題にしており、その主文で、次のように言っている。

有徳なるはたらきに関して、我々は二通りの仕方で語ることができる。一つは、「有徳である限りにおいて」であり、もう一つは、「かかるはたらきが固有な種において考えられる限りにおいて」である。したがって、もし我々が、「有徳である限りにおける徳のはたらき」について語るならば、その場合、すべての有徳なるはたらきは自然の法に属している。じっさい、自然の法には、人間がそれへと自らの本性に即して傾かされるところのすべてが属すると言われた。しかるに、各々のものは、火が加熱へと係わるように、自らの「形相（forma）」に即して、自らに適合した活動へと自然本性的な仕方で傾かされる。したがって、「理性的魂（anima rationalis）」が人間の固有な形相であるから、いかなる人間にも、「理性に即して」行為することへの自然本性的傾きが内在している。そして、このことは、「徳に即して」行為することである。それゆえ、このことにしたがって、すべての徳のはたらきは自然法に属しており、いかなる者にも、その固有な理性が、有徳な仕方で行為するようにと自然本性的に命ずるわけである。これに対して、もし我々が、有徳なはたらきそれ自体に関して、すなわち、固有な種において考えられるものとして語るならば、この場合、すべての徳のはたらきは自然の法に属してはいない。なぜなら、徳に即して為すところの多くのものは、それへと自然本性が第一に傾かせるのではなく、理性の「探求（inquisitio）」を通じて、人間はそれらをあたかも善く生きるために有益なものとして見つけ出すからである。(15)

徳のはたらきが有徳な行為一般として捉えられる限り、徳は自然本性に適合した習慣であり、自然法は自らの本性に即して傾かされるところのものすべてが属する以上、すべての徳の行為は自然法に属することになる。理性的な魂が人間の形相であるから、「理性に即した行為」が「徳に即した行為」であると同時に、「自然本性的な傾きの秩序に即した行為」であり、それらの行為はすべて、「自然法の規定の秩序」のうちに捉えることができる。

「理性に即して（secundum rationem）」ということは、単に「理性によって（per rationem）」ということを意味しているのではない。そうでなければ、人間的行為はすべて、理性による限り、有徳の行為であるということになる。人間の理性的本性に適合した行為が、理性に即した行為であり、「徳のはたらきは、理性に即するということに基づいて、人間の本性に適合している」(16)。人間的行為を正しく導く原理が自然法に他ならないから、自然法に反する習慣が人間の本性に適合する可能性はない。習慣が自己の本性に適合するか否かは、人間に内在する自然本性的傾きに合致するか否かによって区別され、かかる傾きに基づく「規則・基準」が自然法なのである。

これに対し、固有な種に即して考えられる限りの徳の行為は、結果として自然本性的な傾きに適った行為であるにせよ、第一義的には自然法ではなく、理性による個別的な態勢づけに属している。「理性的魂が人間の固有な形相であるから、いかなる人間にも、理性に即して行為することへの自然本性的傾きが内在している」としても、個々の徳は、理性の探求に基づく行為の反復を通じて、いわば個別的な仕方で原因づけられている。

自然法は、自然本性的な傾きに基づいて、人間的行為を共通善へと秩序づける規則なり基準である。自然法は、「それによって人間が行為するところの根源」ではなく、「それに基づいてかかる根源が正しく秩序づけられるところの原理」なのである。

## 第四節　自然法と共同善——徳への傾き

人間は、自らの理性と意志によって、自らのはたらきの主であり、かかる主権を有する者として究極目的へと向かっている。この「究極目的への運動」は、構造的には一なる究極目的へと収斂されており、「すべての人間には自然本性的な仕方で一つの究極目的が属しているように、この人間の意志は一つの究極目的において存立している」(17)。その一方、「人間的行為は、能動という仕方で観られるにせよ、受動という仕方で観られるにせよ、いずれの仕方でも目的から種を獲得する」のであり(18)、人間的行為の倫理的性格は、いかなる目的のために自らを動かし、動かされるかに即して決定される。人間的行為はすべて、何らかの善を目的とする仕方で成立している。そのため、「すべての能動者は、善の性格を有するところの、目的のためにはたらく」のであり、「実践理性における第一の原理は、善とはすべてのものが欲求するものであるという、善の性格に基づいて確立される」。

しかるに、人間がそれを目的とするところの「善」が、必ずしも倫理的な意味での「善」であるわけではない。むしろ、倫理的な意味では悪しきものを、あたかも善きもののように求めるということは、我々にとってきわめて現実的である。じっさい、「そこにおいてすべての実体と共通するところの自然本性」に反して、実に多くの人間が自ら命を絶っており、「そこにおいて他の諸動物と共通しているところの自然本性」に反して、たとえば「幼児虐待」や「離婚」など、「子の教育」には多くの問題が山積しており、さらに、「人間にとって固有である理性の本性に即した善への傾き」に反して、「ひきこもり」のように「社会のうちに生きること」自体に反する事例には枚挙に暇もない。

「すべての能動者は、善の性格を有するところの、目的のためにはたらく」にもかかわらず、なぜ「悪」が問題になるのであろうか。「善は目的という性格を、これに対して悪はその反対の性格を持つがゆえに、それへと人間が自然本性的な傾きを持つところのものをすべて、理性は、自然本性的な仕方で、善なるものとして、そしてその結果、行動によって追求すべきものとして捉え、また、それらとは反対のものを、悪であり避けるべきものとして捉える」にもかかわらず、「理性に反するゆえに、人間の本性から離反している」ところの「悪徳のはたらき」[19]が横行するのであろうか。「いかなる者にも、その固有な理性が、有徳な仕方で行為するようにと自然本性的に命ずる」にもかかわらず、自然法の規定に反する事例がかくも多く見出されるのであろうか。

これらの点は、人間の本性に根ざした非常に深い問題である。悪の原因を探ることは、今回の我々の目的ではない。しかし、「共同体とは何か」という問いの射程に、悪の問題は深く係わっている。そうであるからこそ、「共通の幸福への秩序づけに関係することは必然」[20]であり、「共同善への秩序づけに即して最高度に語られる」ところの「法」や、「人間を共同善へと秩序づける限り、すべての徳のはたらき」がそこに属するところの「正義」が、共同体の存立に不可欠なものとなるわけである。

たしかに、我々人間には、「永遠法に調和したところのものへと向かう自然本性的傾きが内在」しており、「我々は徳を持つべくして生まれついている」[21]。自然法には、「人間がそれへと自らの本性に即して傾かされるところのすべて」が属しており、「いかなる人間にも、理性に即して行為することへの自然本性的傾きが内在している」。そのため、「すべての徳のはたらきは自然法に属しており、いかなる者にも、その固有な理性が、有徳な仕方で行為するようにと自然本性的に命ずるわけである」。

人間は、自然法を通じて、徳への傾きを有しており、共同善へと秩序づけられている[22]。人間は、いかなる悪に沈もうとも、人間のうちには共同善へと向かわしめる自然法が内在している。その限りにおいて、「実践理性が自然本性的な仕方で人間的な善であると捉える」ところの、自然法の規定そのものが、人間における理性的な本性の、原初的な、そして究極的な表現であると言わなければならない。人間は、「徳を持つべくして生まれついている」からこそ、自然法の規定に即して徳へと秩序づけることが、一人一人の実存的な課題となるのである。

# 第三章　共同体と自然法

## 第一節　共同体と統宰——共同体における自然本性的傾き

人間には、「それによって然るべきはたらきと目的への自然本性的な傾きを有するところの、永遠なる理念が分有されて」おり、「永遠法のかかる分有が、自然法と言われる」[1]。そして、永遠法とは、万物の統宰理念であるから[2]、人間のうちに永遠法が自然法として分有されているということは、究極へと導く「統宰」というはたらきに、人間が関与していることを意味していると言えよう。

じっさい、人間は「自らのはたらきの主権を持ち、他のもののように単に動かされるだけではなく、自体的な仕方ではたらくところの」、「理性的本性を持った単一者」であり、「ペルソナ」である[3]。かかる主権は、まさに自らを究極へと導く「統宰」を可能にしていると考えられる。「人間の究極目的は、端的な仕方で人類全体へと関係づけられているように、この人間の究極目的はこの人間へと関係づけられている」[4]以上、人間は、究極目的への運動における「主」であり、その主権は自己を統宰する権力に他ならない。

しかるに、「人間は家の部分であるように、家は国の部分」であり、「一人の人間の善は究極目的なのではなく、共同善へと秩序づけられるように、一つの家の善もまた、完全な共同体である一つの国の善へと秩序づけられる」

ことから、「ある家族を統宰する者は、何らかの規定や規約をつくることはできるが、しかし、本来、法としての特質を有するには至っていない」[5]。この場合、「法としての特質」とは、完全な共同体である国の統宰に係わるものであると考えられよう。

したがって、人間のうちには、「永遠法に調和したところのものへと向かう自然本性的傾きが内在して」おり[6]、かかる傾きに即して「自然法」が「存在」している限り、人間は、自己を統宰しているだけではなく、何らかの仕方で「共同体の統宰」に係わることになる。「自然の法には、人間がそれへと自らの本性に即して傾かされるところのすべてが属する」が[7]、この場合の「本性」とは、ペルソナとしての「個別的な本性」であると同時に、「社会のうちに生きること」を可能にする「人間にとって固有である理性の本性」[8]でなければならない。

それゆえ、自然法には、人間の「個別的な完成」だけではなく、人間がそこに属するところの「共同体の完成」が係わっている。そして、共同体における自然本性的な傾きが、これらの完成を可能にしていると考えられよう。じっさい、「部分はすべて全体へと、不完全なものが完全なものに対するように秩序づけられ」、「部分はすべて、自然本性的な仕方で、全体のためにある」から、「いかなる個別的なペルソナも共同体全体に対して、部分が全体に対するように関連づけられている」[9]。

では、「共同体の統宰」に、自然法はどのような仕方で係わるのであろうか。「理性的魂が人間の固有な形相であるから、いかなる人間にも、理性に即して行為することへの自然本性的傾きが内在して」おり、「このことは、徳に即して行為することである」ゆえに、「すべての徳のはたらきは自然法に属しており、いかなる者にも、その固有な理性が、有徳な仕方で行為するようにと自然本性的に命ずるわけである」[10]。この場合の「徳」は、それ自体としては、個々の人間において、それぞれ個別的な仕方ではたらきへと態勢づけるところの、個別的な「習慣」に他ならない。しかし、かかる「態勢づけ」は、「共同体の部分」として観られる限り、「部分の全体への態勢づけ」だけではなく、「全体の部分への態勢づけ」をも意味しているように思われる。この点は、「家」という共同体において明らかであろう。

自然法が共同体の統宰に係わるのは、かかる「部分と全体の態勢づけ」を通じてであると考えられる。じっさい、「法」は、「最高度に、至福へと存する秩序づけに関係しなければならない」と同時に、「共同善への秩序づけに即して最高度に語られる」[11]。人間にとって最も根源的であると思われるところの「自然法」は、至福である究極目的への秩序づけを通じて「個の統宰」に係わると同時に、共同善への秩序づけを通じて、「共同体の統宰」を可能にしているのである。

## 第二節　共同体と所有権——共同体の基礎

このように、自然法は、「個の統宰」と同時に「共同体の統宰」に係わっている。そして、「究極目的への秩序づけ」と「共同善への秩序づけ」に自然法が根源的な仕方で係わっている以上、これら二つの統宰は、相互に関連づけられていなければならない。すなわち、自然法は、「個の統宰」を通じて共同体を統宰しているのであり、「共同体の統宰」を通じて個を統宰しているのである。

しかるに、自己の統宰と共同体の統宰が交差する場において、何より問題となるのは、「私的所有権」の位置づけであるように思われる[12]。じっさい、我々は、貨幣を媒介とした様々な「交換」を通じて、多くのものを所有している。共同体とは、その意味で、個的な所有の集合体であり、経済の発展は、かかる所有をめぐって展開されていると言っても、決して過言ではないであろう。この限りにおいて、共同体そのものは、様々な所有を通じて基礎づけられると考えられる。

ところで、グローバリゼーションが、有無を言わせぬような速さで展開しようとしている現在においてこそ、「私有とは何か」、「共有とは何か」という問いは、従来には想定されなかった分野まで及んでいる。たとえば、後百年前後で底をつくと言われている石油や石炭のような「化石燃料」や、今日、国際紛争の原因ともされている「水」に対して、我々は十全たる所有権を持ち得るのであろうか。これらに関する「所有権」を真摯に考えるならば、我々の世代や土地における「私有」として、簡単に決めるわけにはいかない。

また、自己の身体、遺伝子、さらには生命そのものに関して、我々はその所有権を自己に帰せられるべきものとして、主張することができるのであろうか。グローバリゼーションの進展に伴い、所有権の輪郭もまた、新たに問われなければならないであろう。

たしかに、資本主義と共産主義の対立も、キリスト教などの思想を共産主義的に解釈しようとするような主張も、もはや過去のものになろうとしている。その一方、「多くの人びとは所有権を自明で確実なものと見なし、所有権の土台は何か、考えようとしない」というケテラーの嘆き(13)は、それから百四〇年も隔てた現在、ますます深刻になろうとしている。「自殺」を「自死」と言い換え、自ら所有する身体の「処分」を当然の権利のように考える傾向は、残念ながら珍しくなくなりつつある。

かかる状況において、所有権の内実や対象について議論することは、大変重要であると考えられる。しかし、そのような議論の以前に、そもそも「所有とは何か」を問わなければならないのではなかろうか。じっさい、「貨幣や或る事物を所有するということは、いかなる状況やはたらきを意味しているか」が確定されてはじめて、所有権のあるべき姿が問われることになるであろう。

では、そもそも「所有権」とは、何を意味しているのであろうか。「所有権」や「支配権」とも訳される"dominium"は、自らのはたらきの主との関連では、「自らのはたらきの主権」のように「主権」を、すなわち、「主」としての地位やその権利を意味している。この限りにおいて、「所有権」とは、何かを「所有する主権」であると言えよう。「主権」と「所有権」が同じ用語で表現されているということは、「究極目的への運動」と「共同善への運動」との関係を探る上で、大変興味深いと考えられる。

## 第三節　自然法と所有——本性と使用

さて、「主」とは、「家」を語源とする言葉であり、[14]トマスでは、多くの場合、「僕」との関連において用いられている。主と僕とは、「主によって、その命令に即して動かされるということが、僕に属する限り」、「隷属と主権の関係は、能動と受動に基づいて確立される」という、[15]相対的な関係を意味している。主が自らの命令へと僕を動かし、僕が主の命令によって動かされる場合、両者の行為は、別個の人間による行為であるにもかかわらず、いわば一つの行為における「能動と受動の関係」として捉えられる。僕のはたらきは、「僕が主の命令によって動かされる」と同時に、「主が僕を自らの命令へと動かす」ことによって、成立することになる。

したがって、「所有権」としての"dominium"も、何らかの「能動と受動の関係」に基づいていると考えられる。じっさい、「自らのはたらきの主」の場合も、人間が主である「人間的行為」は、「人間が自分自身を動かす、そして、人間が自分自身によって動かされるということに基づいて」、「能動という仕方で観られるにせよ、受動という仕方で観られるにせよ、いずれの仕方でも目的から種を獲得する」[16]。このように、人間的行為においては、そこに「自らを動かす」という能動的な側面と、「自らが動かされる」という受動的な側面の両方が見出されなければならない以上、「所有権」においても同様な関係が予想されるのである。

では、そもそも「外的な諸事物（res exterior）」に対して、人間はいかなる「主権」なり、「所有権」を有しているのであろうか。トマスは、「窃盗と強奪」について論じている『神学大全』第二―二部第六六問題の第一項主文で、次のように言っている。

「外的な諸事物」は、二通りの仕方で考察されることができる。一つには、その「自然本性」に関する限りであり、これは人間の「権力（potestas）」のもとにあるのではなく、すべてのものがその意のままに従うところの、ただ神の権力のもとにある。もう一つには、事物そのものの「使用（usus）」に関する限りである。そして、この仕方で、人間は外的な諸事物に関する「自然本性的な主権」を有している。なぜなら、人間は理性と意志によって外的な諸事物を、あたかも自らのために造られたもののように、自らの有益性のために用いることができるからである。じっさい、先に示されたように、より不完全なものはより完全なもののために存している[17]。

人間が外的な諸事物に対して持ち得る主権とは、その自然本性ではなく、単なる使用に関する権力である。この場合の「自然本性」とは、たとえば、「或るものに自然本性的な仕方で、そして不動な仕方で適合するものは、他のすべてのものにおける基礎であり根源」である[18]という場合や、「すべての人間には自然本性的な仕方で一つの究極目的が属しているように、この人間の意志は一つの究極目的において存立している」[19]という場合のように、その事物の存在そのものに即して捉えられるところの根源的な性格であると言えよう。そのため、事物に内在している自然本性そのものに関して、人間は何ら権限を有していない。事物の存在と同時に、かかる本性も確立されているからである。

その一方、「部分はすべて全体へと、不完全なものが完全なものに対するように秩序づけられ」、「部分はすべて、自然本性的な仕方で、全体のためにある」。そして、「人間は、理性と意志によって自らのはたらきの主」であり、「人間が他の非理性的被造物から異なっているのは、自らのはたらきの主であるという点においてである」[20]。人間は、自らの理性と意志に即して、人間以外の外的な諸事物に対して、「より完全なもの」という位置にある。その結果、「人間は理性と意志によって外的な諸事物を、あたかも自らのために造られたもののように、自らの有益性のために用いることができる」[21]。このように、人間は、外的な諸事物に対して、それを使用する主権を、自然本性的な仕方で有しているのである。

## 第四節　自然法と所有権――管理と所有

人間の外的な諸事物に関する所有権は、「事物そのものの使用」という「はたらき」に即して認められる。では、この「はたらき」のうちにも、自らのはたらきの主としての「主権」に関する何らかの「能動と受動の関係」が、そこに見出されるのであろう。トマスは、先の第六六問題の、続く第二項主文で、次のように言っている。

外的な事物に関しては、二つのことが人間に適合している。その一つは、「調達し管理する権力（potestas procurandi et dispensandi）」である。そして、このことに関する限り、人間が固有なものを所有することは正当である。（中略）これに対して、外的な諸事物に関して人間に適合するもう一つのものは、そのもの自身の「使用」である。そして、これに関する限り、人間は外的な諸事物を、固有なものとしてではなく、「共同のものとして（ut communes）」持つべきである。(22)

人間は、諸事物の使用に関して、自然本性的な主権を有している。しかし、かかる主権は、「事物そのものの使用に関する限り」において成立している。それは、本来、「然るべきはたらきと目的への自然本性的な傾き」に即した運動に関する主権であると考えられる。そして、この運動において人間が外的な諸事物を所有するということは、「自らの形相に即して、自らに適合した活動へと自然本性的な仕方で傾かされる」(23)という自然法の原則に即して捉えられなければならない。すなわち、単なる「使用」ではなく、何らかの「使用への秩序」のもとに位置づけられるのであり、「使用への秩序」を欠いた「所有」というものは、決して本来的ではない。

さらに、「使用への秩序」においては、外的な事物を「調達し管理する」という権力と、じっさいに「使用する」という権力が区別され得る。しかるに、「財産を調達し管理する」という点に関して、自らの所有権が及ばないものを調達し管理することには大きな困難が伴うと考えられるから、当事者が何か外的な事物を自らに固有なものとして所有することは、必要であるし正当であると言えよう。これに対して、「家計」において明らかなように、「財産を使用する」という点に関しては、「共同のものとして持つべき」である。「家」とは、家族が「共同のものとして持つべき」ものに他ならない。(24)

たしかに、「何らかの共同体のもとに含まれる者はすべて、全体に対する部分として、その共同体に関係づけられることは明らか」であり、「部分のいかなる善も、全体の善へと秩序づけられ得る」[25]。この限りにおいて、いかなる部分の善を使用するとしても、その部分的な善が共同善へと秩序づけられ得る以上、かかる「使用」は共同体へと秩序づけられなければならない。そのため、人間は、外的な諸事物を使用する自然本性的な主権を有しているにもかかわらず、その使用に関しては、「固有なものとしてではなく、共同のものとして持つべき」なのである。

したがって、個々の人間に本来固有な権限とは、外的な事物を目的への運動に即して「調達し管理する権力」に他ならない。これに対して、「使用」に関しては、「使用への秩序」のもとに捉えられなければならない。じっさい、人間は「その部分であるところの共同体に属する限りにおいて、自らのはたらきが善く、ないし悪しく態勢づけられるに応じて、何か功徳に値したり業障に値したりする」のであり、「それはちょうど、それに関して共同体へと奉仕すべきところの、自分に属する何か他のものを、善くないし悪しく処理する場合のようにである」[26]。自分自身の主権のもとに属するものであっても、その使用に関しては、共同体との関係において、「善くないし悪しく」というあり方が問われるわけである。

この「使用への秩序」という点から、「所有」というはたらきは、一方的な能動性に基づいてではなく、能動と受動という観点に基づいて捉えられるように思われる。すなわち、何かを「所有する」という「能動」は、同時に、それを使用するよう「秩序づけられている」という「受動」を意味することになり、「所有する」と同時に、「所有させせられる」わけである。そして、かかる能動と受動の関係を正しく秩序づけるところのものが、自然法としての傾きであると言えよう。

第五節　共同体と自然法――部分から全体へ

さて、能動と受動という観点は、特に「正義」のあり方を探る上で、非常に重要な視座となり得るように思われる。そもそも、正義とは徳であり、徳とは善い習慣である。しかるに、「人間的行為において明らかなように、そこに自らのはたらきに関する能動と受動の根源が存するところの、何らかの能動者が見出され」、「このようなはたらきに基づいて、能動者のうちに何らかの習慣が生ぜしめられ得るが、それは、第一の能動的根源に関してではなく、動かされて動かすというはたらきの根源に関してである(27)」。

人間的行為とは「自らによって自らを動かす」ことから成立している。したがって、人間のうちには「能動と受動の根源」が存していなければならない。しかるに、習慣が形成されるのは、単なる端的に能動的なはたらきでも、受動的なはたらきでもなく、「動かされて動かす」というはたらきの根源に他ならない。

すなわち、「受動的根源」は、「能動的根源」によって動かされることにより、そこに「それによって自らのはたらきへと良く態勢づけられる」ところの「質」が生み出され、習慣が原因づけられる。何回も「動かされて動かす」という「多く繰り返されたはたらき」によって、行為への秩序づけは限定され、態勢づけられるのである。

人間は、自らのはたらきの主として、「自分自身を目的へと動かす」。しかし、この運動は、「動かされて動かす」というはたらきに基づく以上、かかる「能動と受動の根源」を態勢づけるものが必要とされる。したがって、はたらきの主としての主権は、いわば構造的な仕方で、自らの本性の秩序づけに係わる習慣を必要としており、そのような習慣を通じて具体化されることになるわけである。この「習慣（habitus）」こそ、我々が自らによって「持つ

(habere)」ものであると言えよう。

人間の真の能動性は、その受動性に基づいており、能動がより大きな受動を可能にするという仕方で、人間の運動は成立している。この「能動と受動の関係」という視座に立つならば、現在の正義や所有権に関する問題に対してトマスの自然法思想がいかに重要な意味を持ち得るかが明らかであるように思われる。自然法による自然本性的な傾きと意志による傾きとの間における「能動と受動の場」こそ、「他者への均等性が問われる場」であり、「正義が現実的な仕方で問われる場」に他ならないのである。

私的所有権とは、本来、決して無条件的な仕方で個人に帰せられる権利でも、自己の所有物に対する自由な使用や処分を保証する権利でもない。トマスに基づく限り、所有権は自然法に即した使用へと秩序づけられるという仕方で、個々人に、いわば「委託」されている。

さらに、「所有」における「能動」は、「秩序」における「受動」を前提にすると同時に、この「受動」へと終極づけられている。すなわち、「所有する」ということは、秩序づけられ、託されているところのものを「根源」として成立すると同時に、秩序づけられ、託されているところのものへと、それを「終極」とするような仕方で方向づけられているのである。

何かを「所有している」ということは、「使用への秩序」において、それを「所有させられている」状態をも意味しており、かかる「受動」を前提にしてこそ、本来、私的所有権の「能動性」は可能になる。「所有」とは、このような「能動と受動の構造」に基づく「共同善への運動」に即して、「個」に帰せられるべき「権力」に他ならない。

たしかに、「全体は、諸部分が生成の秩序においてより先であるにもかかわらず、自然本性的な仕方で対象領域の諸部分よりも、より先である」[28]。この限りにおいて、「共同体の統宰」は「個の統宰」に先行すると考えられる。「人間は理性と意志によって外的な諸事物を、あたかも自らのために造られたもののように、自らの有益性のために用いることができる」が、このことは、「部分とは全体に属するところのものであり、それゆえ、部分のいかなる善も、全体の善へと秩序づけられ得る」[29]ということを前提にしてはじめて、本来、可能になると言えよう。「部分」と「全体」は、自然法による「個の統宰」と「共同体の統宰」を通じて、相互に秩序づけられる。「全体の善がそのいかなる部分にとっても目的であるように、共同善は、共同体のうちに存在している個別的な個々のペルソナにとっても目的である」[30]ということは、かかる秩序を前提にしている。自然法に即した秩序こそ、個の集団を「共同体」とせしめているところのものなのである。

# 第四部　共同体と正義

# 第一章　他者と正義

## 第一節　他者への帰属 ―― 他者というペルソナ

「人間によって為される行為の中で、人間である限りの人間に固有な行為だけが、本来的な意味で人間的と言われる」が、「人間が他の非理性的被造物から異なっているのは、自らのはたらきの主であるという点においてである」から、「人間は、理性と意志によって自らのはたらきの主」であり、「本来的な意味で人間的と言われる行為は、考量された意志から発出する行為である」[1]。このように、一人一人の人間が、それぞれ個別的な仕方で自己の行為に関して主権を有しており、この点がトマスの人間理解の前提であると考えられる。

人間は自らのはたらきの主である限り、個において超越的である。その一方、人間の意志は習慣を必要としており、「能動者の本性に適合するはたらきへと態勢づける習慣が善いと言われ、これに対して、その本性に適合しないはたらきへと態勢づける習慣が悪いと言われる」[2]。人間の行為は、善くも悪しくも、習慣によって態勢づけられるのである。

さらに、このような習慣による態勢づけは、単に「個」だけではなく、「共同体」のあり方そのものにも関係する。じっさい、「人間は、自らのはたらきに関する主権を有しているが、その人間自身はさらに、他者に属する、すなわち、その部分であるところの共同体に属する限りにおいて、自らのはたらきが善く、ないし悪しく態勢づけられるに応じて、何か功徳に値したり業障に値したりする」のである。(3)

ところで、この個所では、「人間は他者に属する」ということを、「その部分であるところの共同体に属する」と言い換えている。しかるに、「他者」と「共同体」とは、その存在の次元が異なっているように思われる。じっさい、厳密な意味での「他者」とは、自己以外の人間であり、自己と同様に、「自らのはたらきの主権を持ち、他のもののように単に動かされるだけではなく、自体的な仕方ではたらくところの、理性的実体」としての「ペルソナ」(4)に他ならない。これに対して、共同体とは、かかる自己と他者がそこに部分として属するところの、何らかの「全体」である。

したがって、この場合の「他者」とは、自己と同じペルソナとしての他者というよりは、むしろ、「自己以外の人々」というような、より広い意味に捉えなければならないのかもしれない。しかし、ここで何よりも興味深いことは、この個所による限り、「自己」と「共同体」の間に、「他者」が介在している点である。そして、この他者をどのように位置づけていくかが、「正義」の主要な課題になっていると言えよう。

たしかに、「何らかの共同体のもとに含まれる者はすべて、全体に対する部分として、その共同体に関係づけられることは明らか」であり、「いかなる徳の善も、或る人間を自分自身へと秩序づけるとしても、自らを他の何らかの個別的なペルソナへと秩序づけるとしても、それへと正義が秩序づけるところの共同善にまで関連づけられ得る」ことから、「人間を共同善へと秩序づける限り、すべての徳のはたらきは正義に属することができる」(5)。すなわち、自己へと秩序づけるとしても、他者へと秩序づけるとしても、その徳の善は共同善まで関連づけられるゆえに、共同善への秩序づけという観点から、徳のはたらきはすべて一般的な意味での正義へと帰属せしめられる。

しかるに、この個所においても、「自分自身へと秩序づける」場合と「他の何らかの個別的なペルソナへと秩序づける」場合が区別されている。この限りにおいて、「自己の善」と「共同善」のあいだに、「他の何らかの個別的なペルソナの善」、すなわち「他者の善」が位置づけられていると言えよう。したがって、「共同善」を問題にする場合、「自己の善」だけではなく、「他者の善」をも、その射程の中に入れなければならないのである。

## 第二節　権利と正義――他者の位置づけ

では、そもそも、正義において、他者はどのように位置づけられているのであろうか。トマスは、『神学大全』第二―二部の第五七問題から第一二二問題にかけて、「正義」について論じているが、最初の第五七問題では「権利（ius）」について扱っており、その第一項の主文で次のように言っている。

他の徳の中で、人間を「他者」に関することがらにおいて秩序づけるということが、「正義」に固有である。じっさい、正義は、その名自身が証示しているように、何らかの「均等性（aequalitas）」を意味しており、普通、「均等化される（adaequari）」ことが「正しくされる（iustari）」ことであると言われる。しかるに、「均等性」は他者に係わる。これに対して、他の徳は人間を、自己自身に即して自らに適合することがらにおいてのみ、完成させる。したがって、それへと徳の意図が固有な対象として向かうところの、他の徳の営みにおける「直しさ（rectum）」は、能動者への関係づけによってのみ受け取られる。これに対して、正義の営みにおける直しさは、能動者への関係づけの他にまた、他者への関係づけによって構成される。（中略）したがって、他の徳とは異なり、正義には特別な仕方で「正しさ（iustum）」と呼ばれる自体的な対象が確定されている。そして、これはすなわち「権利」である。それゆえ、権利が正義の対象であることは明らかである。(6)

「徳のはたらきは、理性に即するということに基づいて、人間の本性に適合している」(7)のであり、徳とは、かかる意味での善い習慣である。しかるに、その場合の「本性」とは、行為の主体としての自己自身の本性であり、他者の本性に関しては第一義的に関係づけられていない。その限りにおいて、正義以外の徳は、「自己自身に即して自らに適合することがらにおいてのみ、完成させる」のであり、その正当性は行為者との関連によってのみ捉えられる。

これに対して、正義も徳の一種であるが、その固有性は、他者との関連において、人間を正しく行為するように秩序づける点である。しかるに、その関連は、少なくとも「自己」と「他者」という、二つの「項」によって成立する。正義は、かかる項における「均等性」に係わり、他者に対して均等的であるよう、人間を秩序づける徳である。さらに、均等化せしめるためには、少なくとも「自己」と「他者」という二つの「項」を「等しく」するように、動かし動かされなければならない。能動と受動の関係に基づく人間的行為の動的構造のもとに、かかる「均等化」というはたらきにおいて、人間は、正義によって、他者へと現実的な仕方で秩序づけられる。(8)

したがって、正義という徳は、人間を、単に正しい行為へと導くだけではなく、他者に対して「正しい者」であるように秩序づける。正義は、自己を他者へと正しく関係づける質であり、人間の「共同体的性格」に即して人間を完成させる習慣である。

しかるに、正義の対象としての「正しさ」は、「他者への均等性における正しさ」であり、それは「権利」として位置づけられる。(9)「権利」や「正しさ」は、他者への均等性に基づくという点で、正義の固有な対象となる。それゆえ、この「正義」という習慣において、人間は新たな倫理的局面を迎えることになる。正義は、自然法の秩序に即して、「他者に対して正しい行為を命じる」徳であり、その特徴は「対他性」にある。正義は、他者との関係を前提にしており、均等性に基づいて、権利を帰せようとする徳に他ならない。

## 第三節　主体としての他者――他者とは何か

「人間を他者に関することがらにおいて秩序づけるということが、正義に固有」である。正義は、他者に関する「何らかの均等性を意味しており」、「正義の営みにおける直しさは、能動者への関係づけの他にまた、他者への関係づけによって構成される」。正義は、他者に対して均等的であるよう、人間を秩序づける徳であり、人間を、単に正しい行為へと導くだけではなく、他者に対して「正しい者」であるように秩序づける。そこでは、自己自身に適合することがらにおける完成だけではなく、「他者との関係づけにおける完成」が求められている。

したがって、「自己」を超えて「他者」への関係づけへと方向づける点において、そして、他者との関係において自己を完成させるという点において、正義のうちには何らかの「超越性」が成立していると言えよう。じっさい、「部分はすべて全体へと、不完全なものが完全なものに対するように秩序づけられ」ており、「部分はすべて、自然本性的な仕方で、全体のためにある」としても、(10)このことが現実になるためには、部分である「自己」が、部分である「他者」へと関係づけられなければならないのである。この限りにおいて、「自己」と「共同体」は「他者」を介して、相互に秩序づけられると考えられる。

では、正義が係わる「他者」とは、そもそもどのように捉えられるのであろうか。トマスは、『神学大全』第二―二部第五八問題で「正義」について論じており、その第二項主文で、次のように言っている。

正義という名は「均等性」を意味しているので、正義は、自らの性格に基づいて、他者に係わるところのものを有する。じっさい、何者も自らではなく、他者に対して「均等的」なのである。そして、先に言われたように、正義には人間的行為を矯正することが係わるゆえに、正義が要求するこのような「他者性（alietas）」は、行為をなし得る種々異なった者に属していなければならない。しかるに、行為は、本来的に言って、「部分」や「形相」、ないし「能力」にではなく、「主体（suppositum）」なり「全体」に属する。（中略）したがって、本来的に語られる正義は、種々異なった「主体」を要求し、それゆえ、一人の人間が他者に係わる場合にのみ成立する。(11)

正義は人間的行為を正しいものとする習慣であり、あくまで他者との関係において、その均等性に関して自己を秩序づける。したがって、正義はその性格上、他者との関係を含意しており、均等性に基づいて、権利を他者に帰せようとする習慣として位置づけられる。正義は「他者性」に基づいて機能する徳である。

さらに、人間的行為は、個々の人間がそれぞれ自らを動かすところの、個別的な行為であり、人間は、自らの行為の主として、「行為をなし得る」ところの「主体」に他ならない。したがって、正義が係わるところの「主体」とは、自らのはたらきの主としての「この人間」でなければならない。それゆえ、本来的な意味において、正義の対象は、ペルソナとしての個別的で理性的な存在だけである。

## 第四節　他者の二義性――端的な他者

正義は、「均等性を意味して」おり、「何者も自らではなく、他者に対して均等的なのである」から、「自らの性格に基づいて、他者に係わるところのものを有する」。そして、「正義には人間的行為を矯正することが係わる」が、行為そのものは「主体なり全体に属する」ことから、「本来的に語られる正義は、種々異なった主体を要求し、それゆえ、一人の人間が他者に係わる場合にのみ成立する」。

正義が要求する「他者性」とは、まさに、「自らのはたらきの主権を持ち、他のもののように単に動かされるだけではなく、自体的な仕方ではたらくところの、理性的実体」としての、「ペルソナ」としての他者性に他ならない。すなわち、自らのはたらきの主としての主権を有する「主体」であり、正義は、自己以外の種々異なった他者を、その対象としているのである。

では、いかなる人間であっても、正義が要求する「他者性」を有しているのであろうか。トマスは、先の第五七問題の第四項主文で、次のように言っている。

「権利」や「正しさ」は、他者への「相応性（commensuratio）」を通じて語られる。しかるに、他者は二通りの仕方で語られ得る。一つは、まったく別個の存在としての、「端的な意味における他者」であり、それは、一方が他方のもとにあるのではなく、両者が国の統治者のもとにある二人の人間の場合において明らかである。そして、『倫理学』第五巻における哲学者によると、かかる人間のあいだには端的な仕方で「正しさ」が存する。もう一つは、或る者が端的にではなく、「誰かに属する或る者」として他者と言われる場合である。そしてこの仕方で、『倫理学』第八巻で言われているように、「人間的なことがら」において、「子」は何らかの仕方で「父」の「部分」であるから、父に属する何者かである。また、『政治学』第一巻で言われているように、僕は、主の「道具（instrumentum）」であるから、主に属する何者かである。それゆえ、父の子に対する関係づけは、端的な仕方での他者に対するものではなく、したがって、そこには端的な仕方での正しさもなく、「父的正しさ（paternum iustum）」という何らかの正しさが存する。同様に、主と僕の間には端的な仕方での正しさはなく、彼らの間には「支配者的正しさ（dominativum iustum）」が存している。[12]

正義の対象となる「権利」や「正しさ」は、他者との関係において成立するが、その他者には、「端的な意味での他者」と、「誰かに属する或る者としての他者」の区別が認められる。前者の場合、他者との関係のうちに端的な仕方で正しさが見出され、権利が帰属せしめられる。どこにも従属せずまったく独立した他者である限り、正しさは無条件的な仕方でその他者のもとに認められなければならない。

その一方、後者は、他者が何かに従属する者として捉えられる場合である。そして、誰かに従属している限り、権利や正しさは、無条件にではなく、その従属関係を通じて、何らかの仕方でかかる他者へと帰せられる。そこでは、端的な正しさは成立せず、ただ、その何らかの様態が認められるに過ぎない。なぜなら、厳密な意味で、均等性が問われる関係の一方を担うことができないからである。

したがって、「正しさ」が端的な意味での他者の間に存する以上、正義が係わるところの「他者への均等性」は、本来、「端的な仕方で他者である者への均等性」を意味する。これに対して、誰かに属する者としての他者の場合は、端的な「正しさ」は認められず、正義も限定されたものとなる。

しかるに、「誰かに属する或る者としての他者」の場合に、端的な正しさが認められないとしても、これは決して無条件的な意味においてではない。トマスによると、「すべての人間は自然本性において平等」であるから、人間が人間に「服従するよう拘束される」のは、「身体を通じて外的に為すべきことに関して」であり、しかもその場合、「身体の自然本性に係わるところのものについて」ではなく、「諸行為や人間的なことがらの態勢に係わることに関して」なのである。(13)

したがって、「誰かに属する或る者として他者と言われる場合」でも、一個の人間として捉えられる限り、正義の対象である「他者」でなければならない。それゆえ、僕は主の道具であり、所有物であると言っても、「個人」や「種」としての生命を維持する行為に関して、僕は主に服従するよう拘束されない。僕としての隷属は、その自然本性に由来してはいないからである。そして、「すべての人間は自然本性において平等である」という点に、トマスの人間理解の根本があると考えられる。(14)僕の隷属が自然本性的であるか否かに関するトマス自身の見解は、ここに明らかである。

## 第五節　他者への傾き――正義の可能性

「権利や正しさは、他者への相応性を通じて語られる」が、他者には、「端的な意味における他者」と「誰かに属する或る者として他者」の区別が認められ、前者には「端的な仕方で正しさが存する」のに対し、後者には「端的な仕方での正しさ」は認められず、「父的正しさ」や「支配者的正しさ」といった正義の様態が見出される。では、子や僕も、本来的な正義の対象となり得るのであろうか。トマスは、先の『神学大全』第二―二部第五七問題第四項の第二異論解答で、次のように言っている。

子は子である限り、父に属する何者かであり、同様に、僕は僕である限り、主に属する何者かである。しかし、両者とも、何らかの人間として観られる限り、他の者から区別され、それ自体で自存する何者かである。それゆえ、両者が人間である限り、何らかの仕方で両者に対して正義が存している。(15)

子も僕も、父や主に属する者として捉えられる限り、厳密な意味で正義の対象とはなり得ない。しかし、一個の人間として捉えられる限り、正義が何らかの仕方で存している。なぜなら、部分や道具として観られる場合、両者は父や主に属する「部分」であり、「区別された他者」ではないのに対し、人間として観られる場合、両者は独立して自存する「他者」として位置づけられ、均等性の一端を担うことができるからである。

したがって、「誰かに属する者としての他者」という場合の従属性は、「人間的なことがらにおいて」という限定に基づく。これに対して、人間として考えられる限り、いかなる人間も「端的な他者」として位置づけられ得る。かくして、他者への相応性なり均等性は、多元的に捉えられ、その結果、正義も様々な均等性に基づいて成立することになる。

さて、正義は人間的行為を正しいものとする習慣であり、その特徴は「対他性」にある。正義は、あくまで他者との関係において、その均等性に関して自己を秩序づける。したがって、正義はその性格上、他者との関係を含意しており、均等性に基づいて、権利を他者に帰せようとする習慣として位置づけられる。そして、その均等性とは、あくまで自己ではなく、他者に対する関係を意味する。それゆえ、正義は「他者性」に基づいて機能する徳である。

ところで、人間は、「自らによって自らを動かす」という仕方で究極目的へと向かっており、この限りにおいて、「動かす自己」と「動かされる自己」との間における有機的な緊張関係が、人間的行為の動的な構造をなしていると考えられる。(16)もちろん、両者は、あくまで「能動と受動の観点」から区別されるだけで、そこに何か実在的な区別が認められるわけではない。その意味で、あくまで比喩的な区別である。しかし、その一方、習慣による態勢づけにもあるように、このような能動と受動の構造に基づいて、人間的行為は様々な仕方で秩序づけられることになる。人間の能動性は、その受動性との関連において、根源的な仕方で成立していると言えよう。

しかるに、正義は、他者へと人間を秩序づける徳に他ならない。したがって、その性格上、正義を有する者は、自己以外のものへと秩序づけられることになる。ここに「正義の超越性」が成立している。(17)そして、自己を超えたものへと向かうというこの「超越性」は、「他者へと動かし、動かされる」という能動と受動の関係から可能になると考えられる。じっさい、たとえば他者との関係は、そこに正義が問われる限り、決して単なる一方的な「能動」でも、「受動」でもあり得ない。

さらに、「能動と受動の関係」は、この場合、比喩的ではなく実在的な仕方で成立している。すなわち、実在的に区別された他者との関係において、自己が動かし、動かされるのである。しかも、「端的に他者であるという場合」だけではなく、「誰かに属する或る者として他者と言われる場合」においても、かかる関係は明確に認められる。むしろ、後者の方が、「正義」ではなく「愛」への可能性に開かれているとも言えよう。

主体的で個的な自由を前提として、「自己の能動性」のみを当然のこととして主張するのか、それともそこに「他者からの受動性」を、自己の能動性の前提として位置づけるのか。この点は、究極目的への運動そのものにおいて、非常に重要な意味を持ち得ると思われる。じっさい、「他者への傾き」を認めることから正義は可能になるが、「人間を共同善へと秩序づける限り、すべての徳のはたらきは正義に属することができる」以上、この限りにおいて、「個」としての運動はかかる傾きに即して完成へと導かれる。人間の個的な運動は、他者への可能性においてこそ、「超越的」なのである。

# 第二章　自然法と正義

## 第一節　徳としての自然法――個から他者へ

「他の徳の中で、人間を他者に関することがらにおいて秩序づけるということが、正義に固有」であり、「他の徳は人間を、自己自身に即して自らに適合することがらにおいてのみ、完成させる」のに対し、「正義の営みにおける直しさは、能動者への関係づけの他にまた、他者への関係づけによって構成される」[1]。徳としての正義の特徴は、何よりも、他者への秩序づけに即して人間を完成させる点にあると言えよう。

その一方、「もし我々が、有徳である限りにおける徳のはたらきについて語るならば、その場合、すべての有徳なるはたらきは自然の法に属して」おり、「いかなる人間にも、理性に即して行為することへの自然本性的傾きが内在している」ことにしたがって、「いかなる者にも、その固有な理性が、有徳な仕方で行為するようにと自然本性的に命ずるわけである」[2]。有徳であるという観点から捉えられる限り、すべての徳のはたらきは自然法に帰属せしめられる。自然本性の次元で人間を徳へと秩序づけるところのものが自然法である。

したがって、共同体における正義のあり方を探っているこの第四部においては、「他者の位置づけ」に続いて、「徳」という点に関する「自然法」と「正義」の関係を明らかにしていかなければならないであろう。では、そもそも自然法は、どのような仕方で「他者」に係わっているのであろうか。

トマスは、それに基づいて自然法の規定が秩序づけられるところの、人間に内在している「自然本性的傾き」を、「そこにおいてすべての実体と共通するところの自然本性に即する」傾き、「そこにおいて他の諸動物と共通しているところの自然本性に即した、何かより特別なものへの傾き」、そして、人間にとって固有である理性の本性に即した善への「傾き」の三つの段階に分け、第一に即して、「自然法には、それを通じて人間の生命が保全され、また、それに反するものが妨げられるということが属」し、第二に関しては、子の教育のような、「自然がすべての動物に教えたところのものが自然法に属」し、第三では、社会のうちに生きることなどへの、自然本性的な傾きに関係するところのものが自然法に属するとしている。(3)

それゆえ、これらの傾きに即して、自然法は他者に係わると考えられる。まず、第一の傾きに即して、自然法はいわば根源的な仕方で他者へと秩序づけられている。その内実に関しては、これから明らかにしていかなければならないが、「人間は、自らのはたらきに関する主権を有しているが、その人間自身はさらに、他者に属する、すなわち、その部分であるところの共同体に属する限りにおいて、自らのはたらきが善く、ないし悪しく態勢づけられるに応じて、何か功徳に値したり業障に値したりする」(4)ということは、この根源的な傾きに即して、理解されるべきであろう。

次に、第二の傾きに即して、自然法はより個別的な仕方で他者に係わると思われる。この次元において、他者は単なる他者ではなく、男性か女性というような区別に即して捉えられる。じっさい、一口に「人間」と言っても、性別や年齢別など、様々な区別のもとにその「個」が確定している。動物のつがいと人間の夫婦の間には、明らかに種としての違いが認められるとしても、「子の養育」を目的としているというような点では何らかの共通性も見出され得るのであり、このような観点から、「自然がすべての動物に教えたところのものが自然法に属する」と規定されよう。

さらに、第三の傾きに即して、他者はまさに「自らのはたらきの主権を持ち、他のもののように単に動かされるだけではなく、自体的な仕方ではたらくところの、理性的実体」であり、「理性的本性を持った単一者」としての「ペルソナ」(5)として位置づけられる。自己も他者も、同じ「ペルソナ」という次元で共通しているのであり、共同体そのものの意味は、かかるペルソナとしての個別性を前提にしていなければならない。自然法は、共同体における「ペルソナとしての他者」に、何らかの社会的な仕方で係わることになる。

かくして、「個」から「他者」への秩序づけに、自然法は根源的な仕方で係わっている。自然法がそれに基づくところの「自然本性的な傾き」に即して他者は秩序づけられ、この点が正義そのもののあり方を可能にしていると言うことができよう。

## 第二節　徳としての正義――他者から共同体へ

正義は、他者との関係において、人間を善へと秩序づける徳である。しかるに、「何らかの共同体のもとに含まれる者はすべて、全体に対する部分として、その共同体に関係づけられることは明らか」であり、「いかなる徳の善も、或る人間を自分自身へと秩序づけるとしても、自らを他の何らかの個別的なペルソナへと秩序づけるとしても、それへと正義が秩序づけるところの共同善にまで関連づけられ得る」ことから、「人間を共同善へと秩序づける限り、すべての徳のはたらきは正義に属する」(6)。このように、人間を共同善へと秩序づけるところの徳は正義に他ならない。では、徳としての正義において、「他者への秩序づけ」と「共同善への秩序づけ」とは、そもそものような関係にあるのであろうか。

「部分はすべて全体へと、不完全なものが完全なものに対するように秩序づけられて」おり、「部分はすべて、自然本性的な仕方で、全体のためにある」から、「いかなる個別的なペルソナも共同体全体に対して、部分が全体に対するように関連づけられている」(7)。たしかに、人間は何らかの共同体に属しており、その限りにおいて、個々の人間は共同体に対して「部分」として関係づけられる。一つの共同体を構成する成員である限り、人間と共同体は部分と全体の関係として秩序づけられ得る。逆に、かかる秩序づけがなければ、如何なる共同体も存立することはできないであろう。

その一方、「正義という名は均等性を意味しているので、正義は、自らの性格に基づいて、他者に係わるところのものを有」しており、「本来的に語られる正義は、種々異なった主体を要求し、それゆえ、一人の人間が他者に係わる場合にのみ成立する」(8)。部分の全体に対する秩序づけは、「部分の善」の「全体の善」に対する秩序づけを意味し、人間の共同体への秩序づけは、「共同善への秩序づけ」として捉えられるとしても、人間を他者への関係において秩序づけるものが「正義」であり、そこでは、自己の善のみではなく、自己と他者に「共通した善」が求められている(9)。

したがって、正義は、「一人の人間の他者への秩序づけ」を通じて、個々のペルソナを共同善へと秩序づける徳であると言えよう。では、このようなことは、そもそもどのようにして可能になるのであろうか。「正義は、その名自身が証示しているように、何らかの均等性を意味しており、普通、均等化されることが正しくされることであると言われ」、「均等性は他者に係わる」から、「正義の営みにおける直しさは、能動者への関係づけの他にまた、他者への関係づけによって構成され」、「他の徳とは異なり、正義には特別な仕方で正しさと呼ばれる自体的な対象が確定されて」おり、「権利が正義の対象であることは明らかである」(10)。このように、正義は他者への均等性に即して人間を善へと秩序づける徳に他ならない。

しかるに、ここで問題になることは、かかる「均等性」と「共同善」との関係である。たしかに、人間がペルソナであるということは、他のペルソナとの関係を前提にしており、かかるペルソナ的関係に正義は関わる。他者は、自己の完成にきわめて現実的な仕方で関わっている。他者を人格的存在として認めることは、逆に、自己を「完成させせられるべきペルソナ」として捉えることに他ならない。したがって、正義が係わる「均等性」とは、このようなペルソナにおける均等性でなければならない。そして、この均等性の延長線上に、「共同善」は位置づけられるように思われる(11)。

## 第三節　自然法と法的正義――自然本性的な正しさ

正義は、他者への均等性に即して人間を完成させる徳である。しかるに、このような均等性にしたがって共同善への秩序づけが可能になるためには、そのあいだに「究極目的への秩序づけ」が成立していなければならないであろう。

じっさい、「実践理性が係わるところの、実践的なことがらにおける第一の根源は究極目的である」から、「法は、最高度に、至福へと存する秩序づけに関係しなければならない」が、「その一方、部分はすべて全体へと、不完全なものが完全なものに対するように秩序づけられており、一人の人間は、完全な共同体の部分であるから、法は、本来、共通の幸福への秩序づけに関係することは必然」であり、「法はすべて、共同善へと秩序づけられる」[12]。法は、至福である究極目的への秩序づけを通じて、「不完全なものが完全なものに対するように」、共同善へと秩序づけるところのものである。

このように、「共同善への秩序づけ」そのものは、「究極目的への秩序づけ」を前提にして成立していると考えられる。部分である人間の究極目的への運動は、部分の全体への秩序づけに即して、共通の幸福である共同善への運動へと方向づけられるわけである。そして、部分における運動と、全体への運動のあいだに、部分から部分への運動、すなわち、「他者への運動」が介されていると考えられる。

じっさい、「共同善へと秩序づけることが法に属していることから、先に言われた仕方で一般的であるところの、この正義は、法的正義と呼ばれ」[13]、「この正義を通じて人間は、すべての徳のはたらきを共同善へと秩序づけるところの法に、一致」している。正義は人間を共同善へと秩序づける徳として捉えられる。しかるに、かかる秩序づけに係わる「規則」なり「基準」が「法」である。それゆえ、「共同善への秩序づけ」という点で、「法」と「正義」は一致し、正義は、すべての徳のはたらきを共同善へと秩序づける限りにおいて、すべての徳のはたらきがそこに属する「法的正義」として位置づけられる。

人間は善を欲し、目的のために行為するが、かかる善への秩序づけが自然法に属しており、しかもその秩序づけは、人間のうちに内在する自然本性的傾きに即している。自然法は、理性が自然本性的な仕方で善であると捉えるものに関わるが、かかる善とは、人間がそれへと自然本性的な傾きを持つところのものに他ならない。

そして、その善は、「自己の善」であると同時に「他者の善」であり、他者の善への秩序づけを通じて、共同体全体の善へと方向づけられる。なぜなら、自己と他者は共同体に対して、部分と全体の関係にあるからである。したがって、自然法に属するところの「善への秩序づけ」は、その善が「共同善」として捉えられる限り、法的正義による、「共同善への秩序づけ」となる。

我々は、徳としての正義に立ち返ることによって、人間が共同体に属する存在であり、他者が正義と愛の対象としての人格的存在であることを確認することができる。人間の自由は、かかる「共同体的性格」に即して捉えられなければならない。共同体的存在である人間が、究極目的への運動のために求められる徳が正義なのである。

## 第四節　自然法と正義——共同善の具現化

さて、「すべての能動者は、善の性格を有するところの、目的のためにはたらく」以上、「実践理性における第一の原理は、善とはすべてのものが欲求するものであるという、善の性格に基づいて確立され」、「実践理性が自然本性的な仕方で人間的な善であると捉えるところの、実行すべきあるいは避けるべきことのすべてが、自然の法の規定に係わっている(14)」。

すなわち、「意志の対象は、目的かつ善である」から、「すべての人間的行為は目的のためにあるものでなければならない(15)」。したがって、人間は、たとえ倫理的な意味で悪であっても、そこに何らかの仕方で「善の性格」を捉えることによって、それの目的としてはたらくことが可能になる。

このような人間的行為の構造に即して、「それへと人間が自然本性的な傾きを持つところのものをすべて、理性は、自然本性的な仕方で、善なるものとして、そしてその結果、行動によって追求すべきものとして捉え、また、それらとは反対のものを、悪であり避けるべきものとして捉え」るのであり、そのような「自然本性的な傾きの秩序に即して、自然の法の規定に関する秩序は存している」[16]。

では、正義が係わるところの「他者への均等性」と「共同善への秩序づけ」に対して、かかる「自然本性的な傾きの秩序」は、どのように関係しているのであろうか。トマスは、正義について論じている『神学大全』第二―二部第五八問題の第一〇項主文で、正義の「中庸（medium）」について、次のように言っている。

正義の対象領域は、活動そのものか、あるいはその使用するところの事物が、他のペルソナに対して「然るべき対比性（debita proportio）」を有する限りにおける、外的な活動である。そしてそれゆえ、正義の「中庸」は、外的な事物が外的なペルソナに対する何らかの対比性の均等性において成立している。しかるに、『形而上学』第一〇巻で言われているように、「均等的」であるのは、実在的な仕方で、より大なるものとより小なるものとの中庸である。それゆえ、正義は事物の中庸を有している[17]。

「正義という名は均等性を意味しているので、正義は、自らの性格に基づいて、他者に係わるところのものを有する」のであり、「正義には人間的行為を矯正することが係わるゆえに、正義が要求するこのような他者性は、行為をなし得る種々異なった者に属していなければならない」[18]。正義の対象領域は外的な活動であるが、正義そのものは何らかの均等性を意味しているから、正義は活動そのものに即した均等性か、「その使用するところの事物が、他のペルソナに対して然るべき対比性を有する限りにおける」ところの均等性に係わらなければならない。したがって、「正義の中庸は、外的な事物が外的なペルソナに対する何らかの対比性の均等性において成立している」のであり、「正義は事物の中庸を有している」。

それゆえ、「善は目的という性格を、これに対して悪はその反対の性格を持つがゆえに、それへと人間が自然本性的な傾きを持つところのものをすべて、理性は、自然本性的な仕方で、善なるものとして、そしてその結果、行動によって追求すべきものとして捉え、また、それらとは反対のものを、悪であり避けるべきものとして捉える」という、「自然本性的な傾きの秩序」に即して「自然の法の規定に関する秩序は存している」と同時に、かかる傾きにしたがって、「外的な事物が外的なペルソナに対する何らかの対比性」そのものも成立していると言わなければならない。

じっさい、「共同善へと秩序づけることが法に属している」からこそ、この秩序づけに即して「外的な事物が外的なペルソナに対する何らかの対比性の均等性」が「正義の中庸」として位置づけられる。自然法の規定に基づいて、徳としての正義において、「事物の中庸を有している」という仕方で、共同善は具現化されるわけである。

# 第三章　共同体と正義

## 第一節　法的正義と特殊的正義――共同善と個別的善

人間には、「それによって然るべきはたらきと目的への自然本性的な傾きを有するところの、永遠なる理念が分有されて」おり、「理性的被造物における永遠法のかかる分有が、自然法と言われる[1]」。いかなる人間にも、「永遠法に調和したところのものへと向かう自然本性的傾きが内在して」おり、「我々は徳を持つべくして生まれついている[2]」。このように、人間には、自然本性的な仕方で、「然るべきはたらきと目的」への傾きが内在している。そして、かかる傾きが人間を究極目的へと、そして共同善へと導くところのものである。この意味で、「自然法」は人間を徳へと方向づける根源的な秩序づけであると言えよう。

これに対して、「人間を他者に関することがらにおいて秩序づけるということが、正義に固有」であり、「正義の営みにおける直しさは、能動者への関係づけの他にまた、他者への関係づけによって構成される[3]」。正義とは、他者との関係において人間を善へと秩序づける徳であり、「正義の中庸は、外的な事物が外的なペルソナに対する何らかの対比性の均等性において成立している[4]」。

したがって、正義の共同善への秩序づけは、かかる均等性に即して、「中庸」という仕方で現実化されると考えられる。そして、この「均等性」に、自然法そのものがそれに即して成立するところの「自然本性的な傾き」が係わっていると言えよう。「外的な事物が外的なペルソナに対する何らかの対比性の均等性」は、この傾きに即して、より現実的に捉えられ得るわけである。

しかるに、「人間を共同善へと秩序づける限り、すべての徳のはたらきは正義に属することができ」、「この限りにおいて、正義は一般的な徳と言われる」が、「共同善へと秩序づけることが法に属していることから、先に言われた仕方で一般的であるところの、この正義は、法的正義と呼ばれる」[5]。この限りにおいて、正義と法とは、不可分な仕方で結びつけられ、共同善への秩序づけに即して、すべての徳は正義に、そして自然法に属することになる。じっさい、「もし我々が、有徳である限りにおける徳のはたらきについて語るならば」、「すべての徳のはたらきは自然法に属しており、いかなる者にも、その固有な理性が、有徳な仕方で行為するようにと自然本性的に命ずるわけである」[6]。

では、正義はすべて、一般的徳としての「法的正義」に還元されるのであろうか。トマスは、『神学大全』第二―二部第五八問題の第七項で、「特殊的正義」の存在について論じており、その主文で次のように言っている。

法的正義は本質的な仕方ですべての徳なのではなく、人間を「直接的に（immediate）」共同善へと秩序づけるところの、法的正義以外に、「特殊的な善」に関して人間を直接的に秩序づける他の徳がなければならない。しかるに、このことは、「自分自身に係わること」でも、「他の個々のペルソナに係わること」でもあり得る。それゆえ、法的正義の他に、「節制（temperantia）」や「剛毅（fortitudo）」のような、人間を自分自身へと秩序づける或る「特殊的な徳」がなければならないように、また、法的正義以外に、他の個々のペルソナへと係わるものに関して人間を秩序づける、何らかの「特殊的正義」がなければならない[7]。

人間を共同善へと直接的に秩序づける限りにおいて、「すべての徳のはたらきは正義に属する」のであり、法的正義は「一般的な徳」として位置づけられる。たしかに、「何らかの共同体のもとに含まれる者はすべて、全体に対する部分として、その共同体に関係づけられ」、「いかなる徳の善も、或る人間を自分自身へと秩序づけるとしても、自らを他の何らかの個別的なペルソナへと秩序づけるとしても、それへと正義が秩序づけるところの共同善にまで関連づけられ得る[8]」。したがって、部分の全体に対する秩序づけという観点から捉えられる限り、すべての徳は法的正義へと還元されることができる。

これに対し、「もし我々が、有徳なはたらきそれ自体に関して、すなわち、固有な種において考えられるものとして語るならば、この場合、すべての徳のはたらきは自然の法に属してはいない[9]」というように、かかる観点から離れて、人間を共同善ではなく、何らかの個別的な善へと直接的な仕方で秩序づける場合、そこでは、徳は「固有な種において考えられる」。

すなわち、徳の中には、人間を直接的に特殊的な善へと秩序づけるものがあり、さらにそれは、「自分自身に属する特殊的な善」に係わる徳と、「他の個別的なペルソナに属する善」に係わる徳に分けられる。そして、後者の徳が、「法的正義」から区別されて、「特殊的正義」として位置づけられるわけである。

## 第二節　特殊的正義の必要性――ペルソナへの秩序づけ

たしかに、「本来的に語られる正義は、種々異なった主体を要求し、それゆえ、一人の人間が他者に係わる場合にのみ成立する」[10]。したがって、「部分はすべて全体へと、不完全なものが完全なものに対するように秩序づけられている」から、「部分はすべて、自然本性的な仕方で、全体のためにある」のであり、「いかなる個別的なペルソナも共同体全体に対して、部分が全体に対するように関連づけられている」[11]という観点から「他者への均等性」を捉える限り、人間を他者に関することがらにおいて、共同善へと直接秩序づける徳が「法的正義」としてより普遍的に位置づけられる。

これに対して、「他者への均等性」を、その「部分」そのものに即して捉えるならば、他者に係わる個別的な善へと直接的な仕方で秩序づける徳が認められ、それが「特殊的正義」である。じっさい、「特殊的正義は、共同体に対して部分が全体に対するように関連づけられるところの、或る私的なペルソナへと秩序づけられる」[12]。すなわち、部分の全体へと関連づけを前提にした上で、個々のペルソナへと、直接的な仕方で秩序づける正義が、「特殊的正義」として、より個別的な仕方で捉えられる。また、「他者への均等性」ではなく、自分自身への善へと直接的な仕方で係わる徳が、「節制」や「剛毅」のような「特殊的な徳」であり、この場合、「徳に即して為すところの多くのものは、それへと自然本性が第一に傾かせるのではなく、理性の探求を通じて、人間はそれらをあたかも善く生きるために有益なものとして見つけ出す」わけである[13]。

このように、正義に関する「一般的」、「特殊的」という区別は、それが直接的に秩序づけるところの善が、共同善であるか、特殊的善であるかに基づいている。しかるに、「いかなる徳の善も、或る人間を自分自身へと秩序づけるとしても、自らを他の何らかの個別的なペルソナへと秩序づけるとしても、それへと正義が秩序づけるところの共同善にまで関連づけられ得る」以上、「特殊的な善」は共同善との連関を欠いているわけではない。では、法的正義は、いかなる仕方で特殊的な善に係わるのであろうか。トマスは、先と同じ第二—二部第五八問題第七項の第一異論解答で、次のように言っている。

法的正義は、たしかに十分な仕方で、人間を他者へと係わることがらにおいて秩序づけるが、しかるに共同善に関する限りでは「直接的に」であるのに対して、一人の個別的なペルソナの善に関する限りにおいては、「間接的に（mediate）」である。そしてそれゆえ、人間を或る個別的なペルソナの善へと直接的な仕方で秩序づけるところの、何らかの特殊的な正義がなければならない。(14)

たしかに、「全体の善がそのいかなる部分にとっても目的であるように、共同善は、共同体のうちに存在している個別的な個々のペルソナにとっての目的である」(15)。したがって、共同善が個々のペルソナの目的である限り、法的正義は直接的に十分な仕方で「人間を他者へと係わることがらにおいて秩序づける」ことになる。すなわち、法的正義は人間を他者に関することがらにおいて十分に秩序づけるが、その秩序づけは、共同善に関しては「直接的」であるのに対し、個的なペルソナの善に関しては「間接的」にとどまる。

したがって、共同体の部分であるところの、個別的なペルソナに属する善に関して直接的な仕方で秩序づける「特殊的正義」がなければならない。この正義は、人間を他者へと、その個別的なペルソナの善に関して、直接的に十分な仕方で秩序づけることになる。

## 第三節　配分的正義と交換的正義——部分に対する全体

では、特殊的正義とは、そもそもどのような正義なのであろうか。トマスは、『神学大全』第二—二部第六一問題で「正義の諸部分について」論じており、その第一項主文で、次のように言っている。

何らかの部分に対しては、二通りの「秩序」が認められ得る。一つは、部分の部分に対するものであり、これに一つの私的ペルソナの、他のペルソナに対する秩序が対応している。そして、かかる秩序を「交換的正義（iustitia commutativa）」が導くのであり、それは、二つのペルソナ相互のあいだで双務的に為されることがらにおいて成立する。もう一つの秩序は、部分に対する全体として認められ、かかる秩序に、個々のペルソナに対して共通的であるところのものの秩序が対応している。この秩序を「配分的正義（iustitia distributiva）」が導くのであり、それは、共通的なものを「比例性（proportionalitas）」に基づいて配分する。それゆえ、正義の種は二つであり、すなわち、「交換的正義」と「配分的正義」である。(16)

特殊的正義は、「人間を或る個別的なペルソナの善へと直接的な仕方で秩序づけるところの」正義である。そして、個々のペルソナとは、共同体に対して、部分と全体の関係にある。ここから、「部分に対する部分の秩序」と、「部分に対する全体の秩序」が区別されることになる。すなわち、共同体における私的ペルソナへの係わり方は、個人が個人に対する場合と、全体が個人に対する場合に分けられる。

したがって、「他の個々のペルソナへと係わるものに関して人間を秩序づける」ところの特殊的正義には、この区分に基づいて、二つの種類が認められる。そして、部分の部分に対する関係を導くものが「交換的正義」であり、全体が部分に対する関係を導くものが「配分的正義」である。(17)

では、これら二つの正義は、具体的にどのようなはたらきを秩序づけるのであろうか。トマスは、『神学大全』第一部第二一問題の主文で次のように言っている。

正義には二通りの種がある。一つは、相互の「授与（datio）」と「受納（acceptio）」において成立するもので、それはたとえば、「購買（emptio）」や「売却（venditio）」、あるいは他の「交わり（communicatio）」や「交換（commutatio）」において成立している。これが、『倫理学』第五巻における哲学者によって「交換的正義」、あるいは、「交換や交わりを導く正義」と呼ばれている。（中略）もう一つは、配分することにおいて成立している。これは、「配分的正義」と言われ、それに即して、或る「統宰者（gubernator）」や「管理者（dispensator）」が、各々の者に、その者の「功績（dignitas）」にしたがって与えるところの正義である。(18)

「交換的正義」は、共同体における個々の私的ペルソナの間における諸々の行為を、すなわち「部分と部分の関係」を指導する正義であり、相互の授受や売買などの「交わり」や「交換」を導く。事物の売買において明らかなように、何かを受け取ることによって、それに相応なものを帰す「義務」が生じる。したがって、交換的正義は、共同体における様々な「交わり」や「交換」を指導する正義であり、交換されるところのものの間における均等性、すなわち、「部分と部分の均等性」に係わる。

これに対して、「配分的正義」は、「それに即して、或る統宰者や管理者が、各々の者に、その者の功績にしたがって与えるところの正義」であり、共通的なものから個別的なものへの配分に係わる正義である。配分的正義は、共同体における重要性の度合いに応じて、個別的ペルソナへの配分に係わる。したがって、この正義では、「全体の部分に対する均等性」が対象となる。

配分的正義と交換的正義は、共同体の根幹を形成する正義であると言えよう。[19] なぜなら、共同体とは、「個的ペルソナの集合体」である以上、各々のペルソナとその全体である共同体とのあり方を、そして、各々のペルソナ同士のあり方を規定し、指導し、秩序づける正義がなければ、如何なる共同体も、本来、存続し得ないと考えられるからである。

## 第四節　共同体と正義——共同体の展開

さて、前節の二つの引用では、「正義の種は二つであり、すなわち、交換的正義と配分的正義である」と、「正義には二通りの種がある」と規定されている。しかるに、この表現は、正確には「特殊的正義の種は二つである」、「特殊的正義には二通りの種がある」とされるべきであろう。しかし、『神学大全』第二―二部第六一問題では、「正義の諸部分について」が論じられており、これ以降、「正義」はもっぱら「特殊的正義」をさしているように思われる。これはなぜであろうか。

トマスは、正義について扱っていた『神学大全』第二―二部第五八問題の、最後の第一二項で、「正義はすべての倫理的徳の中で秀でているか」を論じており、その主文で次のように言っている。

もし、我々が「法的正義」について語るならば、共同善が一人のペルソナの個別的な善より秀でている限りにおいて、法的正義自身がすべての倫理的徳の中でより光輝あるものであることは明らかである。(中略)さらにまた、もし「特殊的正義」について語るならば、それは、二通りの理由で他の倫理的徳の中で優っている。その第一は、「基体(subiectum)」の側からとられ得る。なぜなら、正義は魂のより高貴な部分において、すなわち、意志である、「理性的欲求」において存しているのに対し、他の倫理的徳は「感覚的欲求」のうちに存しており、これに、他の倫理的徳の「対象領域」である「情念(passio)」が属しているからである。第二の根拠は、「対象」の側からとられる。じっさい、他の徳は、ただ有徳なる者自身の善に即して称賛される。これに対して、正義は、有徳なる者が他者へと良い仕方で関係づけられていることに即して、称賛される。かくして、『倫理学』第五巻で言われているように、正義は何らかの仕方で「他者の善(bomun alterius)」なのである。[20]

共同善が個々の個別的な善より優越的である限り、共同善へと直接的に秩序づける法的正義は、他のすべての倫理的徳に優越する。「何らかの共同体のもとに含まれる者はすべて、全体に対する部分として、その共同体に関係づけられ」、「いかなる徳の善も、或る人間を自分自身へと秩序づけるとしても、自らを他の何らかの個別的なペルソナへと秩序づけるとしても、それへと正義が秩序づけるところの共同善にまで関連づけられ得る」以上、個別的な善に係わる徳よりも、共同善に係わる法的正義の方が秀でており、それゆえ、法的正義は非常に重要な倫理的徳として位置づけられる。その意味で、人間の倫理的完成は、人間の側から考える限り、この正義にかかっている。

これに対し、特殊的正義は、人間を他者の善へと直接的に秩序づける徳であり、意志を基体としている。正義を通じて、意志は、その固有なはたらきへと適応づけられると言えよう。特殊的正義は、意志を他者へと正しく秩序づけることによって、対他的な行為に係わる徳であり、「情念ではなく、意志のはたらきに関わる」という点においても、他者に対して有徳な者として関係づけられる「他者の善」であるという点においても、倫理的徳の中でより優った位置にある。

特殊的正義は、共同体の根幹を形成する正義であり、人間を他の人格へと正しく秩序づける正義が、共同体の存続に本来的な仕方で係わっている。特殊的正義によって「他者の善」は直接的な仕方で秩序づけられ、守られる。人間は「共同体的存在」であり、部分が全体に対するように、共同体へと関係づけられている。

じっさい、我々はつねに他者との現実的な係わりの中で生きている。他者との関係は、個人の問題であると同時に共同体の問題である。そして、他者とは正義の対象であり、愛の対象である。他者との関係なしに、「愛」も「正義」も、本来語ることはできない。

したがって、「法的正義」に関する考察は、必然的な仕方で、「特殊的正義」へと展開される。すなわち、「共同善が一人のペルソナの個別的な善より秀でている限りにおいて、法的正義自身がすべての倫理的徳の中でより光輝あるものである」ことを前提とした上で、「他者の善」を具現化するところの「特殊的正義」が、共同体そのものの存立に係わる仕方で、「正義の諸部分」としてより具体的な仕方で検討されることになる。それゆえ、共同体は、かかる「正義の諸部分」に即して、現実的な仕方で展開されるわけである。

# 第五部　共同体と共同善

# 第一章　自己―他者―共同体

## 第一節　共同体と自己の善――全体の善への秩序

「人間が他の非理性的被造物から異なっているのは、自らのはたらきの主であるという点においてである」[1]。人間は、いかなる状況にあっても、自らの理性と意志が機能する限り、自らのはたらきに関して主権を有している。人間は、「自らのはたらきの主権を持ち、他のもののように単に動かされるだけではなく、自体的な仕方ではたらくところの、理性的実体」であり、「理性的本性を持った単一者」としての「ペルソナ」である[2]。人間は、どこまでも自らのはたらきの主であり、単一者としてのペルソナなのである。

その一方、「或るものに自然本性的な仕方で、そして不動な仕方で適合するものは、他のすべてのものにおける基礎であり根源」であるから、「意志は必然に基づいて至福である究極目的に密着していなければならない」[3]。さらに、「すべての人間には自然本性的な仕方で一つの究極目的が属しているように、この人間の意志は一つの究極目的において存立している」[4]。したがって、人間の意志は必然的な仕方で究極目的を欲求しており、かかる欲求そのものが意志のはたらきを可能にしている[5]。

たしかに、「部分はすべて全体へと、不完全なものが完全なものに対するように秩序づけられ」、「部分はすべて、自然本性的な仕方で、全体のためにある」から、「いかなる個別的なペルソナも共同体全体に対して、部分が全体に対するように関連づけられている[6]」。そして、この「自然本性的な仕方」に自然法による秩序づけが係わると考えられる。じっさい、「実践理性が自然本性的な仕方で人間的な善であると捉えるところの、実行すべきあるいは避けるべきことのすべてが、自然の法の規定に係わっているのである[7]」。

しかし、ペルソナが自然本性的な仕方で全体に関連づけられることと、ペルソナが必然的な仕方で究極目的へと方向づけられるということは、同時に調和的でなければならない。もちろん、このようなことは、自然法や正義という「特別な秩序づけ」によって可能になるとしても、それ以前に、より根源的な連関があるのではないだろうか。人間は、一人一人が自らのはたらきの主として、究極目的へと運動している。これは、それ自体としては部分の運動に他ならない。その一方、「部分はすべて、自然本性的な仕方で、全体のためにある」以上、究極目的へと向かう「部分の運動」は、自然本性的な仕方で、全体のためになければならないことになる。このことは、「自己の善」と「他者の善」が、自然本性的な仕方で、「全体の善」へと秩序づけられることを意味していると考えられる[8]。トマスにとって、「全体の善がそのいかなる部分にとっても目的であるように、共同善は、共同体のうちに存在している個別的な個々のペルソナにとっての目的である[9]」ということを可能にしているのは何であろうか。それは、究極目的そのものが共同善において位置づけられているからではないだろうか。

すなわち、個々のペルソナによる個別的な運動そのものが、共同体という「場」において展開されているだけでなく、意志の究極目的への必然的な密着そのものも、共同善への欲求を何らかの仕方で前提にしていると考えられる。

人間が自然本性的な仕方で共同体的な存在であるならば、人間の個別的な存在そのものが全体である共同体において存立しているのであり、「全体は、諸部分が生成の秩序においてより先であるにもかかわらず、自然本性的な仕方で対象領域の諸部分よりも、より先である」(10)と同様な仕方で、究極目的への欲求は、「生成の秩序において」は共同善への欲求より先であるにもかかわらず、「自然本性的な仕方で」は、共同善への欲求を前提にして成立しているわけである。

## 第二節　自由と腐敗——自己の自由

人間の究極目的への運動そのものが、全体である共同体において、共同善への運動に即して、展開されていると考えられる。したがって、個としての運動は、共同体において、全体に係わる何らかの意味を有することになる。じっさい、人間は、「自らのはたらきに関する主権を有しているが、その人間自身はさらに、他者に属する、すなわち、その部分であるところの共同体に属する限りにおいて、自らのはたらきが善く、ないし悪しく態勢づけられるに応じて、何か功徳に値したり業障に値したりする」のであり、「それはちょうど、それに関して共同体へと奉仕すべきところの、自分に属する何か他のものを、善くないし悪しく処理する場合のようにである」(11)。

人間は、「至福である究極目的」へと必然的な仕方で欲求しているにもかかわらず、「自らのはたらきが善く、ないし悪しく態勢づけられるに応じて」、他者との関係から、そして共同体との関係から、自らには「何か功徳に値したり業障に値したりする」ことになる。人間の個別的な運動は、それ自体、倫理的な行為として位置づけられ、「人間的行為は、能動という仕方で観られるにせよ、受動という仕方で観られるにせよ、いずれの仕方でも目的から種を獲得する」(12)。

このように、人間的行為は、それ自体としての倫理的な意味を有すると同時に、共同体の部分としても倫理的に捉えられる。しかるに、自らのはたらきの主であり、ペルソナである人間が、究極目的への必然的な欲求に基づいて悪を為すということは、そもそもどのように可能となるのであろうか。トマスは、新法の内容について論じている『神学大全』第二―一部第一〇八問題第一項の異論解答で、次のように言っている。

「自らによって」行為する者が、或ることを「自由に(libere)」為す。しかるに、人間が「自らの本性に適合する習慣によって為す(agit ex habitu suae naturae convenienti)」ということが、「自らによって為す(ex seipso agit)」ことである。なぜなら、習慣は本性の様態へと傾かせるからである。反対に、もし、習慣が本性に背馳するならば、人間は、自らであるところのものに即してではなく、自らが招来した何らかの「腐敗(corruptio)」に即して為すのである。[13]

自由な行為とは「自らによって」為すことであり、行為の選択において強制されないということが、人間の自然本性に適っていると考えられる。じっさい、「能動者の本性に適合するはたらきへと態勢づける習慣が善いと言われ、これに対して、その本性に適合しないはたらきへと態勢づける習慣が悪いと言われる[14]」。この限りにおいて、自由であるということが、人間の本質的なあり方であり[15]、その欲するものへと自由な仕方で向かうということが、知性的本性の、その自然本性の様態に適った傾きである[16]。

したがって、人間本性に適合した習慣による行為が、「自らによる行為」である。そして、かかる「習慣による態勢づけ」を指導する原理が「自然法」であると考えられる。「自らによって自らを動かす」という「自由」は、

「徳によって自らを動かす」という「運動」へと、自然法を通じて導かれると言えよう。[17] じっさい、自然法とは、「それによって然るべきはたらきと目的への自然本性的な傾きを有するところの、永遠なる理念」の分有に他ならない。[18] 人間には、「永遠法に調和したところのものへと向かう自然本性的傾きが内在して」おり、「我々は徳を持つべくして生まれついている」[19]。

これに対し、自己の本性に適合しない習慣による場合、理性の運動は阻害され、その結果、人間の主権と自由も阻害される。自らによってではなく、「自らが招来した何らかの腐敗」に基づくからである。しかし、この腐敗に基づく傾きは、非常に強力であると考えられる。トマスが自然法や正義を強調することは、逆に、いかに人間が「自らの本性に適合する習慣」を獲得することが現実に難しいかを、逆説的な仕方で表現していると考えられる。

## 第三節　共同体の部分――正義の秩序づけ

人間の自由は徳によって完成し、徳のはたらきを通じて、人間は究極目的へと秩序づけられる。自由であるか否かは、結局、自己の行為を態勢づけるところの習慣が、自己の本性に適合しているか否かに基づくことになる。「永遠法に調和するところのものへと向かう」運動とは、「自らのはたらきの主」としての「主権」を駆使しながら、自然法を通じて、「徳によって自らを動かす」という自由の完成へと向かう運動なのである。[20]

その一方、人間は自由を有するがゆえに、「習慣が本性に背馳する」可能性にも開かれており、「自らであるところのものに即してではなく、自らが招来した何らかの腐敗に即して為す」ということは、人間にとって、きわめて現実的である。その場合、人間は自らの理性的な本性に反する行為を繰り返すことによって、「自らが招来した何らかの腐敗に即して」、あたかも自らの自由のごとくに行為すると言えよう。

したがって、かかる腐敗に即する行為は、個人の本来的な自由を阻害する行為であると同時に、共同体の部分として捉えられる場合、共同体における他者の善への運動と共同善への運動を阻害するということになる。このことは、正義に反する運動に他ならない。

では、どのようにして、正義は個の自由を共同善へと秩序づけるのであろうか。人間的行為は、「そこに自らのはたらきに関する能動と受動の根源が存するところの、何らかの能動者」によって為されるのであり、「このようなはたらきに基づいて、能動者のうちに何らかの習慣が生ぜしめられ得るが、それは、第一の能動的根源に関してではなく、動かされて動かすというはたらきの根源に関してである」[21]。人間的行為は、「人間が自分自身を動かす、そして、人間が自分自身によって動かされるということに基づいて」[22]、すなわち、「自らによって自らを動かす」という能動と受動の関係に即して成立している。そして、かかる「能動と受動の根源」に関して、習慣が生ぜしめられる。

人間には、自らによって自らを動かすという「能動と受動の関係」が、その本性に適ったあり方であり、そこから人間に固有な運動が展開される。そして、本来は、「習慣は本性の様態へと傾かせる」ことから、「人間が自らの本性に適合する習慣によって為すということが、自らによって為すこと」を意味している。人間は、その本性のあり方に即して習慣を必要としており、理性的な本性に適合する習慣である「徳」によって動かされる場合、その行為は、「自らによって為す」ところの自由な行為として位置づけられる[23]。

しかるに、「何らかの共同体のもとに含まれる者はすべて、全体に対する部分として、その共同体に関係づけられることは明らかである」から、「いかなる徳の善も、或る人間を自分自身へと秩序づけるとしても、自らを他の何らかの個別的なペルソナへと秩序づけるとしても、それへと正義が秩序づけるところの共同善にまで関連づけられ得る」[24]。

したがって、「人間が自らの本性に適合する習慣によって為す」ということは、個々の人間が「共同体の部分」として捉えられる限り、共同善へと秩序づける習慣であるところの「正義による行為」に還元され得ることになる。共同体の部分である人間は、正義によって秩序づけられることによって、自らの「自由」を「他者の善」へと、そして「共同善」へと方向づけることができる。そして、このことはまた、個における「究極目的への運動」を「共同善への運動」として展開することに他ならない。このような仕方で、究極目的への運動は、本来的な仕方で、すなわち「自然本性的な仕方で」、共同善への運動を前提にしていると考えられるのである。

## 第四節　自己—他者—共同体——個から共同体へ

では、人間は共同体に対して、そもそもどのような仕方で秩序づけられているのであろうか。トマスは、『神学大全』第一部第六〇問題第五項の主文で、次のように言っている。

理性を欠いたものにおける「自然本性的な傾き」は、知性的本性の意志における自然本性的傾きを証示する。しかるに、自然本性的な事物において、それ自身であるところのものが本性に即して他のものに属するものは、いずれも、より根源的により多く、自らへよりも自らがそれに属するものへと傾かされる。（中略）我々は、手が身体全体の「保全（conservatio）」のために、「思慮（deliberatio）」なしに「攻撃（ictus）」へと投げ出されるように、自然本性的な仕方で、部分は全体の保全のために自らを投げ出すことを見る。そして、理性は自然を模倣するのであるから、かかる傾きを、我々は「政治的徳（virtus politica）」において見出す。なぜなら、有徳なる「市民（civis）」は、「国家（respublica）」全体の保全のために、死の「危険（periculum）」へと自らを投げ出すからである。そして、もし人間がこの「国」の部分であるならば、かかる傾きは、その人間にとって自然本性的なのであろう。[25]

非理性的な事物における自然本性的な傾きと、理性的存在の意志における自然本性的な傾きとの間には、一種の対応関係が認められ、その結果、前者から後者のあり方を「証示」することができる。理性は自然を模倣するからである。ところで、そのものがそのものであるところの根源などが、本性的に他のものに属するようないかなるものも、それ自身よりは、それが属するものへと、より根源的な仕方で傾かされる。したがって、理性的被造物の意志も、それ自身へと傾かされる以上に、それが属するところのものへと、より根源的な仕方で傾かされることになる。

しかしながら、かかる自然本性的な傾きが現実のものとなるためには、何よりも、自らが「他のものの部分」であるという認識が必要となるであろう。じっさい、すべての市民ではなく、自らが国家の部分であると認識している「有徳」な市民だけが、死の危険へと自らを投げ出すことができる。これに対して、かかる認識を欠く者は、そのような危険へと自らをさらすことはできないであろう。

たしかに、「何らかの共同体のもとに含まれる者はすべて、全体に対する部分として、その共同体に関係づけられることは明らかである」としても、このことは、無条件的な仕方ですべての人間に明白なわけではない。むしろ、明白でないからこそ、「自らが招来した何らかの腐敗に即して為す」ことが現実のものとなるわけである。自然法の可能性は、この認識にかかっている。

構造的には、人間は、人間である限り、何らかの共同体の「部分」に他ならない。「全体は、諸部分が生成の秩序においてより先であるにもかかわらず、自然本性的な仕方で対象領域の諸部分よりも、より先である」からである。しかし、自らを共同体の部分として位置づけ、そこから自らを共同善へと秩序づけられるためには、「政治的徳」が必要なのであり、そのような徳を有する者のみが、「自然本性的な仕方で、部分は全体の保全のために自らを投げ出すこと」を可能にし、「有徳なる市民は、国家全体の保全のために、死の危険へと自らを投げ出す」ことができる。

自然法がそれに基づくところの「自然本性的な傾き」に即して、個から共同体への秩序づけが、そして、「人間を他者に関することがらにおいて秩序づける」という正義のはたらきそのものが、[26]現実のものとなる。このような共同善への秩序づけに基づいて、「自己―他者―共同体」は、相互に有機的な仕方で関係づけられ得るのである。

# 第二章　共同体の動的構造

## 第一節　人間的行為と傾き——自由の意味

「理性を欠いたものにおける自然本性的な傾きは、知性的本性の意志における自然本性的傾きを証示する」が、「自然本性的な事物において、それ自身であるところのものが本性に即して他のものに属するものは、いずれも、より根源的により多く、自らへよりも自らがそれに属するものへと傾かされ」、「自然本性的な仕方で、部分は全体の保全のために自らを投げ出すことを見る」ことから、同様に、「有徳なる市民は、国家全体の保全のために、死の危険へと自らを投げ出す」のであり、「もし人間がこの国の部分であるならば、かかる傾きは、その人間にとって自然本性的」であると考えられる(1)。

非理性的な存在においては、自らへよりも自らがそこに属するところのものへと根源的な仕方で傾かされ、かかる傾きは理性的本性における意志そのものの傾きを指し示す。そして、「部分は全体の保全のために自らを投げ出す」ということが部分にとって自然本性的なあり方であり、自らを国の部分として位置づける有徳なる市民は、自然本性的な傾きに即して、「国家全体の保全のために、死の危険へと自らを投げ出す」ことになる。

たしかに、「人間がその主であるところの行為が、本来、人間的と呼ばれ」、「人間は、理性と意志によって自らのはたらきの主であるから、自由意思はまた、意志と理性の機能であると言われている[2]。意志と理性の機能である「自由意思」を有するということが、人間を他の非理性的な存在から区別する特質であり、人間は単に動かされるのではなく、自らを自由に方向づけ、動かすことができる。「我々は、これかあれかを選択することができるということに即して、我々のはたらきの主」なのであり[3]、この限りにおいて、人間は内在する「傾き」から自由である。

その一方、人間には「それによって然るべきはたらきと目的への自然本性的な傾きを有するところの、永遠なる理念が分有されて」おり、「永遠法のかかる分有が、自然法と言われる[4]」。人間は、他の非理性的な存在のように、内在する自然本性的な傾きによって、いわば強制的な仕方で動かされることはない。しかし、「然るべきはたらきと目的への自然本性的な傾き」を、自然法という仕方で分有しており、人間の自由は、本来、かかる傾きに反するのではなく、むしろこの傾きに即して捉えられる。「自らによって行為する者が、或ることを自由に為す」が、「人間が自らの本性に適合する習慣によって為すということが、自らによって為すこと」だからである[5]。

ところで、「主によって、その命令に即して動かされるということが、僕に属する限り」、「隷属と主権の関係は、能動と受動に基づいて確立される[6]」。主であるということは、僕との「能動と受動の関係」に基づいて成立しており、僕は主の命令によって、僕としてのはたらきへと動かされるのである。

このように、主としての主権は能動と受動の関係に即している。そして、「自らのはたらきの主」の場合も、人間が主であるところの人間的行為は、「能動という仕方で観られるにせよ、受動という仕方で観られるにせよ、いずれの仕方でも目的から種を獲得する」のであり、「それはすなわち、人間が自分自身を動かす、そして、人間が自分自身によって動かされるということに基づいてである[7]」。ここから、「動かす自己」と「動かされる自己」との能動と受動に基づいて、人間的行為は成立していると考えられる。

したがって、部分を全体へと秩序づける、先の「自然本性的な傾き」は、このような能動と受動の関係を何らかの仕方で方向づけることになる。じっさい、人間的行為そのものが能動と受動の構造を有している以上、この傾きはかかる構造に即して人間を秩序づけるものでなければならない。部分である人間は、「自らによって自らを動かす」という仕方で、全体である共同体へと自然本性的な仕方で傾かされるのである。

しかるに、「正義の営みにおける直しさは、能動者への関係づけの他にまた、他者への関係づけによって構成される」[8]以上、「動かす者」と「動かされる者」との関係は、単に「自己」の次元ではなく、「他者」へと、さらに「共同体」[9]へと押し広げられ得るであろう。自己を他者へと、そして共同体へと正しく秩序づける徳が「正義」なのである。

## 第二節　自己への能動と受動——自己の運動

このように、「動かす者」と「動かされる者」との「能動と受動の関係」は、自己の内部における運動だけではなく、「自己―他者―共同体」の動的な構造においても見出されると考えられる。じっさい、「動かし、動かされる」という「能動と受動の構造」は、自己の内部におけるよりも、「自己と他者」、「自己と共同体」の関係において、より具体的で現実的なものとなるであろう。

では、まず、「動かす者」が「自己」の場合はどうであろうか。「動かされる者」も自己である場合、「動かす者（能動）」―「動かされる者（受動）」―「善（目的）」には、次の三通りが考えられる。

（a1）自己―自己―自己の善
（a2）自己―自己―他者の善
（a3）自己―自己―共同善

このうち、（a1）は自らが自らを自己の善へと動かすという、最も根源的な運動を意味している。これに対して、（a2）は、正義において可能なのであり、「正義は何らかの仕方で他者の善なのである」[10]。同様に、（a3）も正義にかかっており、「いかなる徳の善も、或る人間を自分自身へと秩序づけるとしても、自らを他の何らかの個別的なペルソナへと秩序づけるとしても、それへと正義が秩序づけるところの共同善にまで関連づけられ得る」[11]。

自らによって自らを動かすということが、人間的行為の動的な構造である。人間は、このような能動と受動の構造に即して、自らを様々な善へと秩序づけることができる。しかるに、そのような「善への運動」は、本来、「それへと正義が秩序づけるところの共同善にまで関連づけられ得る」わけである。このことは、逆の見方からすれば、「自己の善」も、「他者の善」も、共同善へと関連づけられることによって、本来、成立しているということを、言い表していると考えられる。

しかるに、「動かされる者」が「自己」だけであるとは限らない。まず、「他者」が動かされる場合、そこでも「動かす者（能動）」―「動かされる者（受動）」―「善（目的）」の関係は、以下の三通りが考えられる。

（a4）自己―他者―自己の善
（a5）自己―他者―他者の善
（a6）自己―他者―共同善

（a4）は、ちょうど主が僕を動かすような仕方で、他者を自己の善へと動かす場合がこれに当たるであろう。

これに対して、（a5）も、（a6）も、そこに正義による秩序づけが認められよう。これらには、たとえば教師が生徒を生徒の善へと、そして学校の善へと指導するようなケースが考えられる。

自己が他者を自己や他者の善へと動かすということは、そこに「二つのペルソナ相互のあいだで双務的に為されることがらにおいて成立する」ところの、「一つの私的ペルソナの、他のペルソナに対する秩序が対応して」おり、これを「交換的正義が導く」と言えよう。[12] すなわち、本来、この正義に導かれて、自己は他者を動かすことが可能になるわけである。これに対して、（a6）の場合は、法的正義によって可能になると考えられる。[13] じっさい、「法的正義は、たしかに十分な仕方で、人間を他者へと係わることがらにおいて秩序づけるが、しかるに共同善に関する限りでは直接的にである」。[14]

さらに、「動かされる者」が「共同体」全体である場合、以下の三通りが考えられる。

（a7）自己―共同体―自己の善
（a8）自己―共同体―他者の善
（a9）自己―共同体―共同善

このうち、（a7）や（a8）は、共同体からの何らかの公的なサービスを求めるような場合であり、（a9）は政治家が、自らの職務に即して共同体全体を共同善へと導く場合が考えられる。そして、ここではむしろ、法的正義に基づく秩序が見出されると言えよう。たとえば、自己が家を何らかの善へと動かすということは、本来、共同善へのより直接的な秩序づけを通じて具体化されるであろう。

すなわち、（a7）も（a8）も、（a9）への展望のもとに、本来展開されなければならないのである。逆に、（a9）への秩序づけなしに（a7）や（a8）が成立するならば、その場合の「自己の善」や「他者の善」は、共同善から切り離された何らかの利己的な善に貶められることになる。

このように、「動かす者」が「自己」であるとしても、何をいかなる善へと動かすかに応じて、その運動は、単なる利己的な運動から、正義による利他的な運動、そして最も政治家的な運動にまで、様々な段階が見出される。そして、いずれの場合も、共同善へと導く正義のはたらきを通じて、「自己の善」も「他者の善」も、より本来的な仕方で運動の対象になると言えよう。かかる秩序づけは、自然法に即した、人間にとって自然本性的な傾きに基づく運動を可能にすると考えられる。もし、「自己の善」や「他者の善」がそれ自体単独で求められるならば、「人間は、自らであるところのものに即してではなく、自らが招来した何らかの腐敗に即して為す」わけである。(15)

## 第三節　他者への能動と受動――他者の運動

では、次に「動かす者」が「他者」である場合はどうであろうか。「動かされる者」が「自己」である場合、「動かす者（能動）」―「動かされる者（受動）」―「善（目的）」には、次の三通りが考えられる。

（b1）他者―自己―自己の善

（b2）他者―自己―他者の善

（b3）他者―自己―共同善

「他者が自己を動かす」、すなわち、「自己が他者によって動かされる」ということは、通常、「交換的正義」によって指導されると考えられる。じっさい、この正義は、「相互の授与と受納において成立するもので、それはたとえば、購買や売却、あるいは他の交わりや交換において成立している」。(16)

そして、この場合も、（a1）、（a2）、（a3）の関係と同様に、「自己の善」と「他者の善」は、最終的には「共同善」へと収斂されるような仕方で、成立していると言えよう。かりにきわめて間接的であるとしても、（b1）と（b2）は（b3）を前提にしなければならないのであり、「自己の善」と「他者の善」がそれ自体単独で求められるならば、部分の全体への秩序づけに反することになる。したがって、より厳密には、（b1）と（b2）は交換的正義によって直接的に秩序づけられ、さらにそれを（b3）へと方向づけることは、法的正義に基づくと考えられる。

しかるに、自己から見て、他者が他者を動かす場合が考えられる。そこでの「動かす者（能動）」―「動かされる者（受動）」―「善（目的）」には、次の三通りがあるであろう。

（b4）他者―他者―自己の善

（b5）他者―他者―他者の善

（b6）他者―他者―共同善

この場合、動かす他者と動かされる他者が同一人物であるか、別の人物であるかによって、状況が異なるが、いずれにせよ、（b4）と（b5）は、（b1）と（b2）と同様に、交換的正義の指導を受けると考えられる。そして、（b4）と（b5）を（b6）へと還元させるところのものが法的正義であると言えよう。

ところで、動かす他者と動かされる他者が同一人物であれ、別の人物であれ、これらの関係は共同体において、或る種の普遍性をもって捉えられるように思われる。じっさい、特に（b5）や（b6）は、共同体の内部でいかなる善を目的とするかに応じて、何らかの普遍性をもって種的に区別されることになるであろう。我々が一般に行為の倫理性を問題にできるのは、そのような普遍性においてであると考えられる。すなわち、同一人物である場合は、「或る人間を自分自身へと秩序づける」のであり、別の人物である場合は、「或る人間を他の何らかの個別的なペルソナへと秩序づける」のである。

さらに、「動かされる者」が「共同体」全体である場合も考えられる。その際、動かす者（能動）」―「動かされる者（受動）」―「善（目的）」には、以下の三通りが考えられる。

（b7）他者―共同体―自己の善

（b8）他者―共同体―他者の善

（b9）他者―共同体―共同善

ここでも、先の（a7）、（a8）、（a9）と同様に、（b7）と（b8）は、（b9）への展望のもとに、本来展開されなければならないと言えよう。ただし、ここでの「共同体」がどういう次元のものであるかに応じて、それぞれの関係には大きな違いが認められよう。

まず、「家」という最も基本的な共同体の場合、そこでは厳密な意味での「法」という性格に到達してはいない。「ある家族を統宰する者は、何らかの規定や規約をつくることはできるが、しかし、本来、法としての特質を有するには至っていない」からである。(17)

これに対して、「村」や「国」の次元では、より完全な仕方で、そこに「法」としての性格を見出すことができよう。じっさい、「国法によって人間の生が徳へと秩序づけられる限りにおいて、人間がただ生きるのではなく、さらに善く生きることへと進んでいくのである」。(18)

## 第四節　共同体への能動と受動――共同体の運動

さて、以上のように、「動かす者」が「自己」や「他者」である場合について検討してきたが、次に、「共同体」の場合を考えていきたい。まず、「共同体が動かす」と言っても、この場合は「動因」というよりは「目的因」の側から動かすように思われる。[19] たとえば、「家族のために働く」という場合、その人物は目的因の側から動かされていると言えよう。

まず、「動かされる者」が「自己」である場合、「動かす者（能動）」―「動かされる者（受動）」―「善（目的）」には、次の三通りが考えられる。

（c1）共同体―自己―自己の善

（c2）共同体―自己―他者の善

（c3）共同体―自己―共同善

ここで、（c1）と（c2）を指導する特殊的正義は、「交換的正義」ではなく、「配分的正義」であると考えられる。じっさい、「部分に対する全体として」の秩序に、「個々のペルソナに対して共通的であるところのものの秩序が対応して」おり、「この秩序を配分的正義が導くのであり、それは、共通的なものを比例性に基づいて配分する」[20]。すなわち、自己が共同体によって動かされるということは、何らかの配分を前提にして可能になるのであり、たとえば、「家が自己を動かす」場合も、そこでは「自己」が「子」、「父」、「母」などの役割に応じて、配分された比例性に基づいて動かされると言えよう。

さらに、交換的正義が指導する交換そのものは、配分的正義による配分を前提にして可能になると考えられる。[21]金銭の場合も、まず何らかの仕方で手元に配分されてから、それを交換することができるのである。その意味でも、「全体は、諸部分が生成の秩序においてより先であるにもかかわらず、自然本性的な仕方で対象領域の諸部分よりも、より先で」あり、「個々の人間は国全体に対して、人間の諸部分が人間に対するように関係づけられる」わけである。[22]

また、（a1）と（a2）が（a3）に対するように、そして、（b1）と（b2）が（b3）に対するように、ここでも「自己の善」と「他者の善」は「共同善」へと還元される仕方で、本来、成立しているのであり、最終的には法的正義による秩序づけへと向かうのである。

次に、自己から見て他者が共同体によって動かされる場合が考えられる。そこでの「動かす者（能動）」―「動かされる者（受動）」―「善（目的）」には、次の三通りがあるであろう。

（c4）共同体―他者―自己の善
（c5）共同体―他者―他者の善
（c6）共同体―他者―共同善

ここでも、（c4）と（c5）は、配分的正義の指導を受けると考えられる。[23]これは、「或る統宰者や管理者が、各々の者に、その者の功績にしたがって与えるところの正義」であり、他者は、かかる配分に即して、何らかの善へと動かされることになる。

さらに、（c5）と（c6）は、（b5）と（b6）と同様に、共同体内部における或る種の普遍的な倫理性に即して捉えられ得ると言えよう。個と共同体の関係は、「他者が共同体によって他者の善へと動かされる」ということから、「他者が共同体によって共同善へと動かされる」ことへの展開に基づいて、きわめて動的な性格を帯びることになる。

最後に、「動かされる者」が「共同体」全体である場合も考えられる。その際、「動かす者（能動）」—「動かされる者（受動）」—「善（目的）」には、以下の三通りが考えられる。

（c7）共同体—共同体—自己の善

（c8）共同体—共同体—他者の善

（c9）共同体—共同体—共同善

ここでは、動かす共同体と動かされる共同体が、それぞれどういう次元の共同体であるかに応じて、様々なパターンが想定される。たしかに、「他の共同体を含む共同体が、より根源的で」あり、「家も村も国のもとに包含されている」から、「国」という「政治的共同体そのものは最も根源的な共同体である」[24]。この限りにおいて、国が村を、村が家をという仕方で、より根源的で大なる共同体が小なる共同体を動かすということになるであろう[25]。

しかし、現実には、家が村を動かしたり、村が国を動かしたりすることや、家が家を、村が村を、国が国を動かす場合も考えられる。したがって、（c7）や（c8）の場合も十分想定されるが、ここでは（c9）のあり方が問題になるであろう。じっさい、「共同善は一つの善よりも、より善くより神聖」だからである[26]。

## 第五節　共同体の動的構造——共同善への能動と受動

以上のように、共同体そのものは、その内部において、「自己—他者—共同体」の有機的で動的な構造を有している。何によって何がいかなる目的へと動かされるかに応じて、その運動の倫理性は目的の側から確定される。「人間的行為は、能動という仕方で観られるにせよ、受動という仕方で観られるにせよ、いずれの仕方でも目的から種を獲得する」わけである。

したがって、たとえば（b8）の「他者―共同体―他者の善」において、その「他者の善」が倫理的な意味で「善」であるとは限らない。倫理的に善であるためには、それが共同善へと必然的な仕方で収斂されなければならない。そして、そのような秩序づけを可能にするところのものが「自然法」であり、これに基づく徳としての「正義」である。

じっさい、「善は目的という性格を、これに対して悪はその反対の性格を持つがゆえに、それへと人間が自然本性的な傾きを持つところのものをすべて、理性は、自然本性的な仕方で、善なるものとして、そしてその結果、行動によって追求すべきものとして捉え、また、それらとは反対のものを、悪であり避けるべきものとして捉え」、「それゆえ、自然本性的な傾きの秩序に即して、自然の法の規定に関する秩序は存している」[27]。この限りにおいて、共同体における能動と受動の動的な関係は、かかる傾きに即して、「自己によって自己を動かす」という次元から、「共同体によって共同体を動かす」という次元にまで及ぶのである。

ところで、「法的正義は、たしかに十分な仕方で、人間を他者へと係わることがらにおいて秩序づけるが、しかるに共同善に関する限りでは直接的にであるのに対して、一人の個別的なペルソナの善に関する限りにおいては、間接的にである」から、「人間を或る個別的なペルソナの善へと直接的な仕方で秩序づけるところの、何らかの特殊的な正義がなければならない」[28]。交換的正義や配分的正義という「特殊的正義」は、自己の善や他者の善という、個別的なペルソナの善へと直接的な仕方で秩序づける。

その一方、「人間を共同善へと秩序づける限り、すべての徳のはたらきは正義に属することができ」、「共同善へと秩序づけることが法に属していることから、先に言われた仕方で一般的であるところの、この正義は、法的正義と呼ばれ」、「この正義を通じて人間は、すべての徳のはたらきを共同善へと秩序づけるところの法に、一致」している。[29] かかる観点から見る限り、特殊的正義は法的正義に包含されていると言えよう。そして、「共同善は一つの善よりも、より善くより神聖」である以上、共同体における能動と受動の動的構造とは、最終的には、「共同善への能動と受動」に還元され得ると言わなければならない。

「全体の善がそのいかなる部分にとっても目的であるように、共同善は、共同体のうちに存在している個別的な個々のペルソナにとっての目的である」[30]。そして、「法は共同善への秩序づけに即して最高度に語られる以上、特殊的なはたらきに関する他のいかなる規定も、共同善への秩序づけに即することなしに法としての性格を持つことはない」[31]。したがって、共同体における動的構造は、まさに共同善へと秩序づけられる仕方で、本来、成立していなければならない。これ以外の場合は、「理性に反するゆえに、人間の本性から離反している」ところの、「悪徳のはたらき」に即している。[32]

それゆえ、「共同善への能動と受動」に即して、「自己—他者—共同体」の有機的な関係は、相互に自然本性的な仕方で、かつ自由な仕方で、秩序づけられることになる。人間における自然本性的な傾きとは、かかる能動と受動を導くところのものであり、「部分はすべて全体へと、不完全なものが完全なものに対するように秩序づけられており、一人の人間は、完全な共同体の部分であるから、法は、本来、共通の幸福への秩序づけに関係することは必然である」ということは、[33]「共同善への能動と受動」という地平において、はじめて具現化され得るのである。[34]

# 第三章　共同体と共同善

## 第一節　共同体におけるペルソナ――ペルソナと共同体

共同体は、本来、共同善へと様々な仕方で動かし、動かされるという「能動と受動」に基づいて、存立していると考えられる。この多種多様な運動を秩序づける習慣が正義であり、それを方向づける傾きが自然法に由来している。では、このような運動において、個としてのペルソナの超越性は、どのような仕方で基礎づけられるのであろうか。

かかる超越性は、究極目的への運動における超越性であり、究極的な幸福である至福へと開かれた超越性に他ならない(1)。じっさい、「或るものに自然本性的な仕方で、そして不動な仕方で適合するものは、他のすべてのものにおける基礎であり根源」であるから、「意志は必然に基づいて至福である究極目的に密着していなければならない(2)」。そして、「人間の究極目的は、端的な仕方で人類全体へと関係づけられているように、この人間の究極目的はこの人間へと関係づけられ」、「それゆえ、すべての人間には自然本性的な仕方で一つの究極目的が属しているように、この人間の意志は一つの究極目的において存立している(3)」。

たしかに、「人間が他の非理性的被造物から異なっているのは、自らのはたらきの主であるという点においてである」から、「人間がその主であるところの行為が、本来、人間的と呼ばれ」、「人間は、理性と意志によって自らのはたらきの主である」[4]。しかるに、「人間が自らのはたらきの主である」ということは、単に人間を他の非理性的な存在から区別する特質だけではなく、「究極目的への運動」における「主」という仕方で、人間が超越的な可能性へと開かれた存在であることを意味している[5]。すなわち、人間は自然本性的な仕方で自らのはたらきに関する主権を有しているが、その主権は、「究極的な完全性へと向かう運動」において、成立しているのである[6]。

じっさい、「自らのはたらきの主権を持ち、他のもののように単に動かされるだけではなく、自体的な仕方ではたらくところの、理性的実体においては、個別的、個的なものが、何らかのより特別、より完全な仕方で見出され」、「それゆえ、他の諸実体の中で、理性的本性を持った単一者は、何らかの特別な名を有して」おり、「そして、この名がペルソナである」[7]。人間がペルソナであるということは、三位一体論的な超越性へと通じるところの個別性に即して捉えられなければならない[8]。人間は、ペルソナとしての超越性において、「個別的、個的なもの」なのである。

その一方、個としての人間は、ペルソナとしての超越性において「共通」している。すなわち、「人間のことがらにおいても、このペルソナという名は、概念の共通性によって共通ではあるが、類や種としてではなく、不分明な個として」であり、「或る人間という場合のような不分明な個は、個体に適合する確定された存在の様式とともに、共通した本性を表示するのであって、すなわち、他の者から区別されて自体的に自存しているという存在の様式である」[9]。したがって、「不分明な個」という仕方で、ペルソナである人間は、「概念の共通性によって共通」なのであり、そこでは、「他の者から区別されて自体的に自存しているという存在の様式」に伴って、ペルソナとしての共通した本性が表示されている。

それゆえ、ペルソナとしての個別性と共同体の普遍性は、「不分明な個」という仕方で調和することができる。

しかし、この調和は、究極的な完成へと向かう超越性に即して成立していなければならない。この限りにおいて、共同体の普遍性も、何らかの仕方で、超越的な普遍性として位置づけられなければならないのである。[10]

## 第二節　共同体における秩序――秩序と共同体

さて、共同体が何らかの「超越的な普遍性」を有するという観点から進み出るならば、共同体そのものは、ペルソナである個に先立つ根源性をもって捉えられるであろう。じっさい、「全体は、諸部分が生成の秩序においてより先であるにもかかわらず、自然本性的な仕方で対象領域の諸部分よりも、より先」であり、「個々の人間は国全体に対して、人間の諸部分が人間に対するように関係づけられる」から、「ちょうど手や足が人間なしには存在し得ないように、一人の人間も国から離れては、自体的な仕方で自ら充足して生きることはない」[11]。

部分は全体に対して部分なのであり、何かを部分として捉えること自体が、何らかの仕方で、その部分に対する全体を想定していなければならない。人間は、狼少女のような特異な例を除くと、通常生まれてから死ぬまで、つねに何らかの、それも複層的で複数の共同体に属している。

さらに、トマスは「村が複数の家から成り立っているように、国は複数の村から成り立っている」と言っているが[12]、トマスの時代にあっても、この他に、「教会」、「修道会」、「大学」など、様々な共同体が存在していた。現代においては、さらに多くの複層的な共同体の中に、ペルソナである人間が、まさに多様な仕方で、自らをその部分として位置づけている。

たしかに、人間は共同体の部分であると言っても、その人間にとって、共同体の輪郭は明確ではないかもしれない。しかし、意識するか否かにかかわらず、我々は複層的で複数の共同体の部分に他ならない。そして、それらの共同体のあいだには、「共同体は何らかの全体であり、あらゆる全体においては、自らのうちに他の全体を含むところの全体がより根源的であるという秩序が見出され」、「他の共同体を含む共同体が、より根源的である」という関係が認められる(13)。じっさい、我々は日本という「国」の内部において、様々な共同体を形成しているのであり、さらに日本も世界の部分に他ならない。

では、このような複層的な根源性を有する共同体は、どのような仕方で、「超越的な普遍性」をもって捉えられ得るのであろうか。「何らかの共同体のもとに含まれる者はすべて、全体に対する部分として、その共同体に関係づけられることは明らかである」から、「部分のいかなる善も、全体の善へと秩序づけられ得るものである」(14)。したがって、超越的な普遍性とは、まさに「善における普遍性」であると考えられる。それは、「共同善としての超越性」に他ならない。「いかなる徳の善も、或る人間を自分自身へと秩序づけるとしても、自らを他の何らかの個別的なペルソナへと秩序づけるとしても、それへと正義が秩序づけるところの共同善にまで関連づけられ得る」のである(15)。

共同体が諸部分に先立つのは、個々のペルソナの善よりも共同善の方が先立つからであり、「全体の善がそのいかなる部分にとっても目的であるように、共同善は、共同体のうちに存在している個別的な個々のペルソナにとっての目的である」(16)。共同体としての秩序は、共同善を目的にするという仕方で成立している。個の善が、すなわち、「自己の善」と「他者の善」が、最終的には共同善へと還元され、収斂される仕方で、本来、「自己―他者―共同体」の動的な構造は存立している。

それゆえ、共同体が有する「超越的な普遍性」とは、「共同善への普遍的な秩序づけ」に基づいている。共同体は、ペルソナである個に対して、「共同善の普遍性」において、本来、「超越的」なのである。

## 第三節　共同体における自然法――自然法と共同体

では、ペルソナとしての個的超越性と、共同体における超越的な普遍性とは、具体的にどのような仕方で調和し得るのであろうか。たしかに、「全体の善がそのいかなる部分にとっても目的であるように、共同善は、共同体のうちに存在している個別的な個々のペルソナにとっての目的である」。しかし、人間は、自らのはたらきの主であり、「自らのはたらきの主権を持ち、他のもののように単に動かされるだけではなく、自体的な仕方ではたらくところのペルソナであるから、いかに共同体の部分であることを強調するにしても、現実には、「何を目的とするか」は、主でありペルソナである人間の主権のもとにある。

しかるに、ペルソナとしての超越性と、共同善への運動における普遍性とは、どちらも「自然法」において基礎づけられると言えよう。じっさい、人間には、「それによって然るべきはたらきと目的への自然本性的な傾きを有するところの、永遠なる理念が分有されて」おり、「理性的被造物における永遠法のかかる分有が、自然法と言われる」[17]。すなわち、人間には永遠なる理念が分有されている限りにおいて、人間は何らかの仕方で「永遠的」なのであり、「究極的な完成へと開かれているという意味で超越的である」ということの根拠は、まさに「自然法」に即して認められる[18]。

その一方、「理性的魂が人間の固有な形相であるから、いかなる人間にも、理性に即して行為することへの自然本性的傾きが内在して」おり、「このことは、徳に即して行為することである」から、「すべての徳のはたらきは自然法に属しており、いかなる者にも、その固有な理性が、有徳な仕方で行為するようにと自然本性的に命ずるわけである」[19]。したがって、共同善への運動が徳によって導かれる以上、かかる運動の普遍性は、自然法に即して位置づけられる。じっさい、人間にとって固有である「理性の本性に即した善への傾き」の場合、社会のうちに生きることなどへの、自然本性的な傾きに関係するところのものが自然法に属している[20]。

自然法そのものは、厳密な意味での「習慣」ではないが、「習慣によって保たれるところのもの」であり、「自然法の規定は、或る時は理性によって現実に考えられているが、或る時は、理性においてただ習慣的に存しており、この仕方で自然法は習慣であると言われ得る」が、それは、「思弁的なものにおける論証不可能な諸原理が、原理の習慣そのものではなく、習慣がそれに属するところの原理であるのと同様である」[21]。

したがって、自然法とは、「習慣がそれに属するところの原理」に他ならない[22]。自らによって自らを動かすという、人間的行為の構造そのものが、習慣を必要としており、人間的行為は、善くも悪しくも習慣によって態勢づけられる。じっさい、「能動者の本性に適合するはたらきへと態勢づける習慣が善いと言われ、これに対して、その本性に適合しないはたらきへと態勢づける習慣が悪いと言われ」、「徳のはたらきは、理性に即するということに基づいて、人間の本性に適合しているが、これに対して悪徳のはたらきは、理性に反するゆえに、人間の本性から離反している」[23]。

人間的行為が構造的な仕方で習慣を必要としている以上、「ペルソナとしての個的超越性」も、「共同体における超越的な普遍性」[24]も、「善い習慣」である「徳」によることなしには、本来の完全性へと秩序づけられる可能性はない。そして、習慣を導く原理に相当するものが「自然法」である[25]。「実践理性が自然本性的な仕方で人間的な善であると捉えるところの、実行すべきあるいは避けるべきことのすべてが、自然の法の規定に係わって」おり[26]、人間の個的超越性を共同体の部分として位置づけることは、自然法の規定に基づいて現実化され得るのである。[27]

## 第四節　共同体における正義——正義と共同体

人間は、「自らのはたらきの主」であり、究極目的への運動において自らを方向づける「主権」を有している。そして、この運動に即して、個としての人間は「永遠性」や「超越性」へと開かれている。しかるに、人間はみな、自らのはたらきの主であるという点で一致している。すなわち、「他の者から区別されて自体的に自存しているという存在の様式」において共通しているのである。

したがって、個と共同体の関係を明らかにしていくためには、「他者の位置づけ」が問題となる。共同体が個の集合体であるからこそ、共同体において「自己」と「他者」をどのように関係づけていくかが、きわめて実存的な課題となるであろう。

では、自己が究極的な完成へと向かう運動において、他者はどのようなはたらきをしているのであろうか。「他の徳の中で、人間を他者に関することがらにおいて秩序づけるということが、正義に固有」であり、「他の徳は人間を、自己自身に即して自らに適合することがらにおいてのみ、完成させる」のに対し、「正義の営みにおける直しさは、能動者への関係づけの他にまた、他者への関係づけによって構成される」[28]。

自己を他者に係わることがらにおいて秩序づける徳が正義に他ならない。「正義には人間的行為を矯正することが係わるゆえに、正義が要求するこのような他者性は、行為をなし得る種々異なった者に属していなければならない」のであり、「本来的に語られる正義は、種々異なった主体を要求し、それゆえ、一人の人間が他者に係わる場合にのみ成立する」[29]。

正義とは、他者との関係において、自己の人間的行為を矯正する徳である。そのため、「正義の営みにおける直しさは、能動者への関係づけの他にまた、他者への関係づけによって構成される」。この場合の「他者」とは、本来、「主体」としての「ペルソナ」であり、文字通り「自己以外の他の人間」でなければならない。他者は、正義が要求する「種々異なった主体」として、究極目的へと向かう運動に係わるのである。

しかるに、「何らかの共同体のもとに含まれる者はすべて、全体に対する部分として、その共同体に関係づけられることは明らかである」から、「いかなる徳の善も、或る人間を自分自身へと秩序づけるとしても、自らを他の何らかの個別的なペルソナへと秩序づけるとしても、それへと正義が秩序づけるところの共同善にまで関連づけられ得る」のであり、「人間を共同善へと秩序づける限り、すべての徳のはたらきは正義に属することができる」[30]。

それゆえ、正義は、共同体において、自己を他者へと秩序づけると同時に、自己と他者を共同善へと秩序づける徳に他ならない。むしろ、共同善への秩序づけに即して、自己を他者へと関係づけると考えられる。この限りにおいて、他者とは、自己の「究極目的への運動」と「共同善への運動」を結びつける役割を演じていると言えよう。自己は他者との関係において、共同善へと秩序づけられるのであり、このことはまた、自己の人間的行為が究極目的への運動において矯正されることに通じている。

自己は、他者との関係において、自らを究極目的へと、そして共同善へと秩序づけることが可能になる。その意味で、他者はまさに「愛の可能性」へと開かれた存在であるが、正義の次元においても、「自己」と「共同体」を結びつける位置にある。人間が究極的な完成へと向かう運動そのものは、他者との実存的な関係に基づいて、展開されるのである。

## 第五節　共同体と共同善――共同体の意味

共同体とは、そこにおいて「共同善への運動」が展開される「場」であり、個における「究極目的への運動」は、共同体において、正義によって共同善への運動へと秩序づけられる。[31]「実践理性が係わるところの、実践的なことがらにおける第一の根源は究極目的」であり、「人間的な生に関する究極目的とは、幸福、ないし至福である」から、「法は、最高度に、至福へと存する秩序づけに関係しなければならない」が、その一方、「部分はすべて全体へと、不完全なものが完全なものに対するように秩序づけられており、一人の人間は、完全な共同体の部分であるから、法は、本来、共通の幸福への秩序づけに関係することは必然」であり、「いかなる類においても、最高度に語られるところのものが、他のものの根源であり、それ自身への秩序づけに即して他のものは語られる」以上、「法はすべて、共同善へと秩序づけられる」[32]。

「至福である究極目的への秩序づけ」は、必然的な仕方で、「共同善への秩序づけ」へと還元される。その意味で、共同体とは、そこにおいて共同善への運動が展開される「場」に他ならない。[33]「部分はすべて全体へと、不完全なものが完全なものに対するように秩序づけられ」、「それゆえ、部分はすべて、自然本性的な仕方で、全体のためにある」から、「いかなる個別的なペルソナも共同体全体に対して、部分が全体に対するように関連づけられている」[34]。このことは、「部分の運動」が「全体への運動」へと秩序づけられることを意味している。したがって、共同体とは、共同善へと秩序づけられる個の集合体として位置づけられよう。人間には、「永遠法に調和したところのものへと向かう自然本性的傾きが内在して」おり、「我々は徳を持つべくして生まれついている」[35]。

たしかに、人間は自然本性的な仕方で共同善へと秩序づけられている。しかし、「人間が自らの本性に適合する習慣によって為すということが、自らによって為す」のに対し、「もし、習慣が本性に背馳するならば、人間は、自らであるところのものに即してではなく、自らが招来した何らかの腐敗に即して為すのである」[36]。

人間は自然本性的な仕方で共同善へと方向づけられ、「徳を持つべくして生まれついている」にもかかわらず、自らのはたらきの主であることから、「本性に背馳する習慣によって為す」ということは、きわめて現実的である[37]。この現実的な可能性を前提にすることで、自然法や正義のはたらきがいかに重要であるかが、逆に基礎づけられる[38]。

共同体とは、それがどのような次元の共同体であれ、部分の全体への秩序づけに即して成立している。しかし、いかなる部分も、それ自体は超越的であるから、超越的な部分を全体へと秩序づけることは、或る種の普遍性において可能になる。それは、共同善への運動に即した普遍性である。

それゆえ共同体とは、このような普遍性に即して、部分である個が秩序づけられるところの「全体」である。そして、共同善への運動そのもののあり方に即して、ちょうど人間的行為が、「能動という仕方で観られるにせよ、受動という仕方で観られるにせよ、いずれの仕方でも目的から種を獲得する」ような仕方で[39]、各々の共同体の倫理的性格は、「共同」善の側から規定されることになるであろう。すなわち、どのような善を「共通の目的」としているかに応じて、共同体の倫理的な性格は規定されるのである。

# 結論　トマスにおける共同体論の展望

## 第一節　共同体における自己と他者――人間論としての共同体論

本書は、「個としての人間の超越性」を出発点として、トマスにおける共同体のあり方を探ろうとする試みである。人間論を「人間とは何か」という問いに関する考察とするならば、共同体論も、まさにこの問いから発せられることになる。(1)その意味で、共同体論とは、人間論の枠組みで、あるいはその延長線上で問われている。

では、両者は、いかなる点で共通し、いかなる点で異なっているのであろうか。まず、両者とも「運動に関する考察」という点で、共通している。しかるに、人間論は「究極目的への運動」に係わるのに対し、(2)共同体論は「共同善への運動」へと主要的に係わる点が、相違していると考えられる。

しかるに、これは単なる単純な相違ではない。なぜなら、「究極目的への運動」そのものは、それ自体が「共同善への運動」へと還元される方向性において展開されているからである。(3)もし、共同善へと秩序づけられない状況で究極目的が求められるならば、これは正義に反することになる。

ところで、「人間論」という場合、そこでは意志や理性という人間の能力を問題にすることが少なくない。(4)たしかに、「人間とは何か」を問う際、その人間そのものがいかなる能力を有しているかは、重要な課題である。しかし、トマスにおいては、あくまで、「究極目的への運動」という仕方で、人間論は展開されているように思われる。[5]さらに、人間の理性的な能力等への考察だけでは、「他者の存在」が欠落する懸念が生じる。

人間とは何かという考察において、他者の存在はきわめて重要な位置にある。じっさい、「自らのはたらきの主」というように、「自己」という立脚点からのみ考察を進めるならば、「自我の絶対化」に至る可能性が生じるであろう。たしかに、人間には、「それによって然るべきはたらきと目的への自然本性的な傾きを有するところの、永遠なる理念が分有されている」[6]。このことから、人間のうちに何らかの「永遠性」を見出すことが可能である。[7]しかし、そのような「永遠性」なり「超越性」は、自己だけではなく、他者も同様に有している。

人間は自己を越えた完全性へと歩む者に他ならない。しかし、このような超越性は、共同体に属する他のすべての人間に共通している。したがって、共同体において、他者の超越性を自己へといかに結びつけるかが、きわめて実存的な課題となる。人間の成長は、このような他者の位置づけをめぐって展開されているということも可能であろう。

さらに、「他者は二通りの仕方で語られ」、「一つは、まったく別個の存在としての、端的な意味における他者であり」、「かかる人間の間には端的な仕方で正しさが存する」が、「もう一つは、或る者が端的にではなく、誰かに属する或る者として他者と言われる場合」であり、「父の子に対する関係づけは、端的な仕方での他者に対するものではなく、したがって、そこには端的な仕方での正しさもなく、父的正しさという何らかの正しさが存」し、「同様に、主と僕の間には端的な仕方での正しさはなく、彼らの間には支配者的正しさが存している」[8]。

他者に関するこの区別は、家という共同体における他者と、国という共同体における他者を想定していると言えよう。ただし、ドメスティック・バイオレンスや、幼児虐待など、現代においてもこの区別は大きな問題を内包している。トマス自身も、子や僕は、「何らかの人間として観られる限り、他の者から区別され、それ自体で自存する何者かである」から、「両者が人間である限り、何らかの仕方で両者に対して正義が存している」と明言している。[9]

今回は、「正義」の次元での他者を問題にしてきたが、じっさいには、「愛」の次元での他者をどのように位置づけるかが、大きな問題である。[10] この点が、今後、人間論としての共同体論を考察していく上での課題となるであろう。[11]

## 第二節　共同体における傾き――自然法論としての共同体論

他者は、自己と共同体を結びつける位置にあり、自己の「究極目的への運動」を「共同善への運動」へと展開させることは、他者を通じて可能になると考えられる。しかし、自己は自らのはたらきに関する主権を有しているから、自己が他者を通じて共同善へと至るためには、共同善への明確な方向性が示されなければならないであろう。[12] そして、この役割を担っているのが、「自然法」である。

じっさい、「善は目的という性格を、これに対して悪はその反対の性格を持つがゆえに、それへと人間が自然本性的な傾きを持つところのものをすべて、理性は、自然本性的な仕方で、善なるものとして、そしてその結果、行動によって追求すべきものとして捉え、また、それらとは反対のものを、悪であり避けるべきものとして捉える」のであり、「それゆえ、自然本性的な傾きの秩序に即して、自然の法の規定に関する秩序は存している」。[13]

自己も他者も、そして共同体そのものも、この「自然本性的な傾き」に即して善を追求すべきものとして捉え、悪を避けるべきものとして捉える。運動の主体は自らのはたらきの主である自己であり、他者である。しかし、「部分はすべて全体へと、不完全なものが完全なものに対するように秩序づけられ」、「部分はすべて、自然本性的な仕方で、全体のためにある」から、「いかなる個別的なペルソナも共同体全体に対して、部分が全体に対するように関連づけられている」[14]という観点から見る限り、共同体そのものも、何らかの仕方で、共同善へと運動する主体として位置づけられるであろう。

では、どのように共同体は共同善へと運動するのであろうか。たしかに、「諸行為は単一者のうちに存する」[15]以上、運動の主体はペルソナとしての個である。しかるに、「全体の善がそのいかなる部分にとっても目的であるように、共同善は、共同体のうちに存在している個別的な個々のペルソナにとっての目的である」[16]。したがって、共同善を目的とするという仕方で、共同体は共同善へと動かし、動かされると考えられる。

「自己―他者―共同体」の有機的で動的な関係は、共同善を目的とする仕方で成立している。ちょうど、「或る能力から発出する行為はすべて、能力の対象が有する性格に即して、その能力から原因されることは明らか」であり、「意志の対象は、目的かつ善である」から、「それゆえ、すべての人間的行為は目的のためにあるものでなければならない」[17]のと同様に、「共同善は、共同体のうちに存在している個別的な個々のペルソナにとっての目的である」から、共同体のはたらきは、共同善のためにあるものでなければならない。

さらに、「人間的行為は、能動という仕方で観られるにせよ、受動という仕方で観られるにせよ、いずれの仕方でも目的から種を獲得する」[18]ように、共同善へと向かう共同体のはたらきは、いかなる善を目的としているかという仕方で、そのはたらきの「種」が確定することになると考えられる。

じっさい、「法は、最高度に、至福へと存する秩序づけに関係しなければならない」が、「一人の人間は、完全な共同体の部分であるから、法は、本来、共通の幸福への秩序づけに関係することは必然」であり、「法は共同善への秩序づけに即して最高度に語られる以上、特殊的なはたらきに関する他のいかなる規定も、共同善への秩序づけに即することなしに法としての性格を持つことはない[19]」。したがって、自然法は共同善への秩序づけに即して成立しており、自然法によって共同体は共同善を目的とすることが可能になる。ここに、自然法論としての共同体論の可能性が存しているのである。

## 第三節　共同体における均等性――正義論としての共同体論

「自己―他者―共同体」は、自然法を通じて、共同善へと秩序づけられる。しかるに、この秩序づけを現実化させる徳が「正義」である。「いかなる徳の善も、或る人間を自分自身へと秩序づけるとしても、自らを他の何らかの個別的なペルソナへと秩序づけるとしても、それへと正義が秩序づけるところの共同善にまで関連づけられ得るのであり、「人間を共同善へと秩序づける限り、すべての徳のはたらきは正義に属することができる[20]」。

その一方、「正義は、その名自身が証示しているように、何らかの均等性を意味しており、普通、均等化されることが正しくされることであると言われ」、「均等性は他者に係わる」から、「他の徳の中で、人間を他者に関することがらにおいて秩序づけるということが、正義に固有」であり、「他の徳とは異なり、正義には特別な仕方で正しさと呼ばれる自体的な対象が確定されて」おり、「それゆえ、権利が正義の対象であることは明らかである[21]」。

正義は他者への均等性に係わるが、そこでの「特別な仕方で正しさと呼ばれる自体的な対象」とは「権利」であるから、権利は正義の対象となる。他者との均等性において、権利を帰するところのものが正義であると言えよう。

じっさい、「何者も自らではなく、他者に対して均等的なのである」[22]。

では、この場合の「均等性」とは、具体的に何を意味するのであろうか。「正義の対象領域は、活動そのものか、あるいはその使用するところの事物が、他のペルソナに対して然るべき対比性を有する限りにおける、外的な活動」であり、「それゆえ、正義の中庸は、外的な事物が外的なペルソナに対する何らかの対比性の均等性において成立している」[23]。

すなわち、「正義には人間的行為を矯正することが係わる」[24]から、正義の対象領域は、「活動そのもの」か、「その使用するところの事物が、他のペルソナに対して然るべき対比性を有する限りにおける、外的な活動」である。そしていずれの場合も、そこに「他者への均等性」が見出されなければならない。「活動そのもの」にせよ、「外的な活動」にせよ、自己のはたらきが他者に対して均等的な仕方で成立しているかが問われるのであり、それは、他者との均等性において権利を帰することに係わると同時に、その均等性は「中庸」という仕方で成立している。

しかるに、「法的正義は本質的な仕方ですべての徳なのではなく、人間を直接的に共同善へと秩序づけるところの、法的正義以外に、特殊的な善に関して人間を直接的に秩序づける他の徳がなければならない」のであり、「法的正義以外に、他の個々のペルソナへと係わるものに関して人間を秩序づける、何らかの特殊的正義がなければならない」[25]。そして、この特殊的正義は、「二つのペルソナ相互のあいだで双務的に為されることがらにおいて成立する」ところの、部分の部分に対する秩序を導く「交換的正義」と、「共通的なものを比例性に基づいて配分する」ところの、部分に対する全体として、「個々のペルソナに対して共通的であるところのものの秩序」を導く「配分的正義」に区別される[26]。

したがって、「交換的正義」では「部分と部分の均等性」が、「配分的正義」では「部分に対する全体としての均等性」が、それぞれ秩序づけられる。部分と全体との多層的な関係を具体的に導く正義が特殊的正義なのである。そして、正義の多層的な動的構造は、「能動と受動」に即して成立していると考えられる。

まず、「法的正義」では、人間を他者に関することがらにおいて、直接的に共同善へと秩序づけるが、このことは、「自らによって、共同善へと秩序づける」と同時に、「他者によって・共同体によって、共同善へと秩序づけられる」ことから可能になる。同様に、「特殊的正義」の場合も、配分や交換を通じて、人間を或る単一的なペルソナの善へと直接的な仕方で秩序づけるが、このことは、「自らによって、個別的なペルソナの善へと秩序づける」と同時に、「他者によって・共同体によって、個別的なペルソナの善へと秩序づけられる」ことから可能になると言えよう。

この特殊的正義に即して、人間は「自己によって他者へと」、「他者によって自己へと」という仕方で「動かし、動かされる」ことにより、個々の「ペルソナの善」が調整されると考えられる。この限りにおいて、この正義のうちに、最も根源的な意味での「能動と受動の動的構造」を認めることができる。正義論としての共同体論は、このような「能動と受動の動的構造」の上に立脚しているのであり、現実に何によって何へと動かし、動かされるかに応じて、そこに共同体論のあり方が、正義の射程で論じられるのである。

## 第四節　トマスにおける共同体論の展望——自己の善—他者の善—共同善

共同体は、いわば「他者の集合体」であり、他者との関係づけの「総体」である。そして、「配分」と「交換」を通じて、内的にも外的にも秩序づけられ、かかる秩序づけを通じて共同体そのものは現実的に機能していると考えられる。このため、「特殊的正義」は共同体の存続にかかわるきわめて重要なはたらきを担っている。「単一的なペルソナの善」、すなわち「他者の善」へと直接的に秩序づけることから、「他者へと良い仕方で関係づけられる」ことが可能になると考えられる。

このように、「自己―他者―共同体」のうちには、正義の動的構造の可能性を見出すことができよう。それは、相互に「動かし、動かされる」という「能動と受動の構造」に他ならない。「個の超越性」と「共同体の全体性」は、かかる動的構造に基づくことによって、調和的に捉えられるように思われる。

共同善へと秩序づけるということは、共同善を目的として、自己や他者、あるいは共同体そのものが動かされることを意味している。すなわち、「自己の善」と「他者の善」を前提とした上で「共同善」へと動かされるのであり、この運動に即して、人間の何らかの集団は「共同体」とせしめられることになる。逆に、「共同善への運動」なしに、「共同体」は成立し得ないのである。

それゆえ、共同体は「共同善への運動」に即して成立するが、この運動は同時に、「自己の善への運動」であり、「他者の善への運動」に他ならない。共同善の超越性を前提せずに、共同体への展望を持つことは不可能であるが、かかる「超越性」には人間の個的超越性が係わっており、それは、「自己の超越性」であり、「他者の超越性」である。そのため、共同体は多次元的な動的構造のもとに成立し得る。「自己の善」、「他者の善」、「共同善」がそれぞれの超越性を保持しながら相互に有機的な仕方で関係づけられる秩序こそ、正義がめざすべき「均等性」でなければならない。

人間は、一人一人が自らの究極目的へと歩む者であり、そこに「個としての超越性」が成立している。共同体とは、そのような個的超越性が展開される「場」であると同時に、「それ自身であるところのものが本性に即して他のものに属するものは、いずれも、より根源的により多く、自らへよりも自らがそれに属するものへと傾かされるという仕方で、部分である自己と他者が「より根源的により多く」そこへと傾かされるところの「全体」に他ならない。[27]

トマスの共同体論は、二重の意味で「運動に関する学」である。すなわち、共同体の内部においては、「交換」と「配分」に係わる仕方で、個々の部分が自らの完成へと向かう運動の場であると同時に、その共同体そのものも、共同善への運動において成立しているのである。個における究極目的への運動を共同体における共同善への運動へと展開させるという点に、トマスの共同体論が有するきわめて現代的な意義が存している。[28]

私という自己は、自らの究極目的へと歩む主体であり、自己を越えた完全性へと歩む者である。[29]しかるに、自己という主体は、他者との実存的な関係において成立している。さらに、自己は、複層的で多種多様な共同体の部分であり、共同体においてのみ、人間的な仕方で生きることが可能になる。

したがって、共同体とは、自己の超越性と他者の超越性を内包する普遍的存在であり、共同善への運動に即して、何らかの超越的な存在に他ならない。人間は、超越的で普遍的な共同体の部分としてのみ、超越的存在であり得る。[30]共同体は、単なる全体ではなく、個としての人間の超越性を成立させるところの、「普遍的で超越的な全体」なのである。[31]

# あとがき

本書は、二〇〇八年、神戸大学大学院経済学研究科へ、経済学博士の学位を請求した論文をもとにしている。この博士請求論文自体、これまで発表してきた研究を、大幅に書き改めている。そのため、もとになった論文の初出に関しては、各章ときれいに対応しているわけではないが、だいたいは次の通りである。

序　書き下ろし

第一部

第一章「個の主権と共同体―トマス・アクィナスにおける人間的行為の普遍性―」、『鹿児島純心女子短期大学研究紀要』第三六号、二〇〇六年、一―一〇頁

第二章「個の超越性と共同体―トマス・アクィナスにおける個の究極―」、『鹿児島純心女子短期大学研究紀要』第三六号、二〇〇六年、一一―一八頁

第三章「共同体の完全性―トマス・アクィナスにおける共同善への秩序―」、『鹿児島純心女子短期大学研究紀要』第三七号、二〇〇七年、一三―二四頁

第二部

第一章 「トマス・アクィナスにおける正義と究極目的―正義の超越性をめぐって―」、『経済社会学会年報』第二四号、二〇〇二年一〇月、六〇―六六頁

第二章 書き下ろし

第三章 「個と共同体―トマス・アクィナスにおける全体としての共同体―」、『鹿児島純心女子短期大学研究紀要』第三七号、二〇〇七年、一―一一頁

第三部

第一章 「自然法と共同体―トマス・アクィナスにおける自然法の可能性について―」、『鹿児島純心女子短期大学研究紀要』第三八号、二〇〇八年、一―一八頁

第二章 「自然法と共同体―トマス・アクィナスにおける自然法の可能性について―」、『鹿児島純心女子短期大学研究紀要』第三八号、二〇〇八年、一―一八頁

第三章 「所有とは何か―トマス・アクィナスの所有権論をめぐって―」、『経済社会学会年報』第二六号、二〇〇四年、八九―九五頁

第四部

第一章 「他者とは何か―トマス・アクィナスにおける正義論の視点―」、『いしぶみ・第一〇〇回鹿児島哲学会

記念論文集』、二〇〇四年、一〇六―一一三頁
第二章「正義における美の秩序―トマス・アクィナスにおける正義の美的可能性について―」（佐々木恵子との共著）、『鹿児島純心女子短期大学研究紀要』第三八号、二〇〇八年、一九―二九頁
第三章「配分的正義の射程―アリストテレスとトマス・アクィナスの正義論についての一考察―」、『経済社会学会年報』第一八号、一九九六年、七九―八七頁

第五部

第一章「共同体と個の完成―トマス・アクィナスにおける自然法論の可能性―」、『経済社会学会年報』第二一号、一九九九年、三一―三七頁
第二章「トマス・アクィナスにおける正義の動的構造―公共性への展望をめぐって―」、『経済社会学会年報』第二七号、二〇〇五年、一一七―一二六頁
第三章　書き下ろし
結　論　書き下ろし

本書の出発点となったのは、京都大学に提出した博士論文である。ここでは、あくまで「個としての人間の超越性」に焦点を当てたが、人間は、まさにこの漢字が示すとおり、共同体的な存在である。人間とは何かをトマスに即して理解するためには、どうしても「共同体」の意味を解明しなければならない。この試みが、ともあれ、このような形で結実することができたことは、研究者として幸いなことである。

私の研究をつねに見守り、励まし導いてくれたのは、今年の二月二九日に亡くなられた山田晶先生である。残念ながら、本書を先生に御笑覧いただくことはできなかったが、これからの私の人生は、山田先生の思い出とともに歩むことになるであろう。

さて、共同体に関する研究は、経済社会学会という場でおもに展開されてきた。橋本昭一関西大学教授の勧めで入会して以来、研究発表や討論を通じて、トマスの経済社会学的側面について、多くを学ぶことができた。今回は、「トマスの共同体論をまとめたい」という私の要望に対して、現会長である足立正樹神戸大学教授が快諾していただいたことから、可能になったのである。足立先生には、社会科学の論文の書き方についてまで、様々なことを教えていただき、私には感謝の言葉も見出せないほどである。

さらに、トマスの哲学と神学しか学んでこなかった私が、経済社会学会で研究を重ねることができたことには、何と言っても、元会長である野尻武敏神戸大学名誉教授の存在が決定的な意味を有していた。野尻先生から直接ご教授されたことは、回数としては決して多くはない。しかし、お会いするたびに、現代社会の持つ病巣と、それに対するトマスの重要性を力説された。この拙著を野尻先生に献呈させていただくことは、私にとって、何よりの喜びである。

また、上宮正一郎神戸大学教授、永合位行神戸大学教授には、論文の細部に至るまで本当にお世話になった。私が一度も正式に籍を置いたことがないにもかかわらず、藤岡秀英先生、鈴木純先生をはじめとする、神戸大学関係の先生方には、いつも暖かく迎え入れられ、この大学の懐の深さに敬意の念を禁じえない。

一方、哲学関係の先生方からも、多くの励ましやご指導をいただいた。特に、中川純男慶応義塾大学教授、川添信介京都大学教授、蒔苗暢夫京都ノートルダム女子大学教授、そして私の愚問に真摯にお答えいただいた稲垣良典九州大学名誉教授に、心から感謝を申し上げたい。勤務先である鹿児島純心女子短期大学の諸先生からも多くの激励をいただき、知泉書館の小山光夫氏には、出版に際して一方ならぬお世話になった。

これまで、様々な仕方でご指導いただいた多くの先生方、諸先輩方、ともに真理を語り合った友人たち、そして何より共同研究者でもある妻恵子の支えがあって、どうにか研究を具体的な形にすることができた。考察を終えるに当たり、この場を借りて、皆様に心からの感謝を表明したい。特に、南山大学の新入生の時より私をラテン語の世界へと誘って下さった吉田聖神父様と、学部中よりいろいろとご指導いただいた長倉久子先生の思い出に。

著　者

なお、本書は、平成一六—二〇年度科学研究費補助金（基盤研究C）による研究成果の一部である。

**佐々木 亘**（ささき・わたる）

1957年，北海道に生れる。南山大学大学院博士課程修了。京都大学文学博士。日本学術振興会特別研究員，鹿児島純心女子短期大学講師，助教授を経て，現在同短大教授。
〔主要業績〕『トマス・アクィナスの人間論－個としての人間の超越性－』（知泉書館，2005年），「所有とは何か－トマス・アクィナスの所有権論をめぐって－」（『経済社会学会年報』第26号），「他者とは何か－トマス・アクィナスにおける正義論の視点－」（『いしぶみ・第100回鹿児島哲学会記念論文集』），「トマス・アクィナスにおける正義の動的構造－公共性への展望をめぐって－」（『経済社会学会年報』第27号）他。

〔共同体と共同善〕 ISBN978-4-86285-043-0

2008年10月15日 第1刷印刷
2008年10月20日 第1刷発行

著 者 佐々木 亘
発行者 小山光夫
製 版 野口ビリケン堂

発行所 〒113-0033 東京都文京区本郷1-13-2
電話03(3814)6161振替00120-6-117170
http://www.chisen.co.jp
株式会社 知泉書館

Printed in Japan 印刷・製本／藤原印刷

人 名 索 引
事 項 索 引
出 典 索 引
羅和対照表
文 献 表
註

# 人名索引

（頁づけは註頁）

# 事項索引

（ゴシックはその事項のおもな出典箇所）

## あ　行

## か　行


会社　9, 54
概念（ratio）
　―― の共通性　→ 共通性
　国の ――　74
家計　54, 120
化石燃料　116
家族（familia）　10, 69, **71**-73, 94, 114, 120, 177, 178
傾き（inclinatio）
　―― からの自由　→ 自由
　悪への ――　95
　自然本性的な ――（inclinatio naturalis）　**96**, 97, 99, 101, 102, **104**-**107**, 109, 111, 113, 114, 120, 123, 140, 141, 144-149, 165, **167**-172, 175, 181, 182, 187, 188, 194, 195
　他者への ――　135, 138
　目的への ――　96, 97
学校　9, 54, 174
活動（operatio）
　―― への秩序　→ 秩序
　習慣と ――　**35**, 46, 47, 82, 92, 100, 101
　正義と ――　**146**, 198
　自らに適合した ――　**108**, 120
家庭　9, 11, 75
貨幣　115, 116
神（Deus）
　―― の権力　→ 権力
　野獣か ――　**7**, 32
関係（relatio）
　緊張 ――　8, 137
　個と共同体の ――　9, 13, 46, 47, 94, 179, 189
　実存的な ――　190, 201
　他者への ――　**129**, 131, 139, 142, 143, 148, 172, 189, 190
　能動者への ――　**129**, 131, 139, 142, 148, 172, 189, 190
　能動と受動の ――　21, 22, 119, 121, 123, 130, 166, 171, 172
　部分と全体の ――　33, 40, 41, 51, 79, 81, 95, 142, 144, 153
完全性（perfectio）
　共同善に関する ――　73, 76, 84
　自己／自らを越えた ――　3, 194, 201
　善に関する ――　64, 76, 84
　超自然本性的な ――　3
完全なもの（perfectum）　**40**-42, 51, **58**, 59, 62-64, 71, 75, 77, 80, 81, 84, 114, **118**, 119, 131, 142-144, 151, 161, 182, 191, 196
管理者（dispensator）　**154**, 155, 179
危険（periculum）　**168**-170
基準（mensura）　**59**, 60, 62, 71, 81, 84, 99-102, 104, 109, 144
基礎（fundamentum）　**19**, 118, 161, 183
規則（regula）　**59**, 60, 62, 71, 81, 84, 99-102, 104, 106, 107, 109, 144
基体（subiectum）　35, **156**, 157
規定（praeceptum）
　自然法の ――　**100**, **102**-**107**, 109, 111, 112, 140, 145-147, 162, 181, 188, 189, 195
　統宰する者の ――　**71**, 72, 114, 177
　はたらきに関する ――　59, 84, 182, 197
機能（facultas）　**4**, 132, 137, 161, 171, 200
義務　154
規約（statutum）　**71**, 72, 114, 177
究極目的（ultimus finis）
　―― と共同善　→ 共同善
　―― の普遍性　→ 普遍性
　―― への運動　→ 運動
　―― への秩序　→ 秩序
　―― への必然的な密着　**19**, 21, 27, 28, 30, 57, 59, 90, 161, 162, 183
　―― への方向性　28
　―― への欲求　→ 欲求
　自然法と ――　111, 112, 115, 145, 148, 150, 197
　至福である ――　**19**, 20, 27, 29, 57-63, 79, 90, 115, 144, 161, 163, 183, 191
　人間の ――　**20**, 21, 29, 57, 60, 113, 144, 163, 183
　一つの ――　**20**, 21, 27, 29, 30, 57, 60, 61, 71, 90, 110, 119, 161, 183
　法と ――　**58**-60, 62-64, 67, 71, 79, 85, 86, 96,

## た　行

## な　行



## は　行

## ま 行



## や 行



## ら 行

# 出典索引

# 羅和対照表

acceptio　受納
actio　行為，能動
actio hominis　人間の行為
actio humana　人間的行為
actus　はたらき，行為
aequalitas　均等性
agens　能動者
alietas　他者性
alter　他者
anima　魂
anima rationalis　理性的魂
appetitus　欲求
apprehensio　把捉
arbitrium　意思
beatitudo　至福
bonum　善
bomun alterius　他者の善
bonum commune　共同善
causa　原因
civis　市民
civitas　国
commensuratio　相応性
communicatio　交わり
communitas　共同体，共通性
communitas politica　政治的共同体
communitas rationis　概念の共通性
commutatio　交換
conservatio　保全
corpus　身体
corruptio　腐敗
creatura　被造物
datio　授与
debita proportio　然るべき対比性
deliberatio　思慮
demeritum　業障
dignitas　功績
dispensator　管理者
dominativum iustum　支配者的正しさ
dominium　主権，所有権
dominus　主
dominus suorum actuum　自らのはたらきの主
domus　家
ea quae sunt ad finem　目的へのてだて
electio　選択
emptio　購買
facultas　機能
familia　家族
felicitas　幸福
fides　信仰
finis　目的
forma　形相
fortitudo　剛毅
fundamentum　基礎
generatio　生成
gubernatio　統宰
gubernator　統宰者
habitualiter　習慣的に
habitus　習慣
homo　人間
humanus　人間的
ictus　攻撃
imago　似姿
immediate　直接的に
imperfectum　不完全なもの
imperium　命令
impressio　刻印
inclinatio　傾き
inclinatio naturalis　自然本性的な傾き
individuum　個
individuum vagum　不分明な個
individuus　個的

inquisitio　探求
instrumentum　道具
intellectualis natura　知性的本性
intentio　意図
ius　権利
iustitia　正義
iustitia commutativa　交換的正義
iustitia distributiva　配分的正義
iustitia legalis　法的正義
iustitia particularis　特殊的正義
iustum　正しさ
lex　法
lex aeterna　永遠法
lex civilis　国法
lex naturae　自然の法
lex naturalis　自然法
liber　自由
libere　自由に
liberum arbitrium　自由意思
materia　対象領域
mediate　間接的に
medium　中庸
mensura　基準
meritum　功徳
modus　様態，様式
movet motum　動かされて動かす
natura　自然本性，本性
natura humana　人間本性
naturaliter　自然本性的な仕方で
necessitas　必然
nomen　名
obiectum　対象
operatio　活動
opus　行動，作品
oratio　陳述
ordo　秩序，秩序づけ
pars　部分
participatio　分有
particularis　個別的
passio　受動，情念
paternum iustum　父的正しさ
perfectum　完全なもの
periculum　危険
per se　自体的な仕方で
persona　ペルソナ
potentia　能力
potestas　権力
potestas procurandi et dispensandi　調達し管理する権力
praeceptum　規定
principalis　根源的
principia indemonstrabilia　論証不可能な諸原理
principium　根源
prius　より先
privata persona　私的なペルソナ
proportionalitas　比例性
propositio　命題
ratio　理性，概念，性格，特質，根拠，理念
ratio boni　善の性格
ratio practica　実践理性
rationalis　理性的
rationalis naturae individua substantia　理性的本性を有する個別実体
realiter　実在的な仕方で
rectum　直しさ
regula　規則
relatio　関係
res　事物，ことがら
res exterior　外的な諸事物
respublica　国家
servitus　隷属
servus　僕
simpliciter　端的な仕方で
singularia　単一者，個体
societas　社会
species　種
speculativus　思弁的なもの
statutum　規約
subiectum　基体
suppositum　主体
temperantia　節制
terminus　終局

totum　全体
ultimus finis　究極目的
unus　一つ
usus　使用
utilitas　有益性
venditio　売却
vicus　村
virtus　徳
virtus politica　政治的徳
vita　生命
vitium　悪徳
voluntas　意志
voluntas deliberata　考量された意志

# 文献表

## Ⅰ　テキスト

### 1．トマス・アクィナス


*S. T.*　*Summa Theologiae,* ed. Paulinae, Torino: Editiones Paulinae, 1988.

*In Polit.*　*In libros Politicorum Aristotelis Expositio,* ed. Spiazzi, R. M., Torino-Roma: Marietti, 1951.

*In Periherm.*　*In Aristotelis Libros Perihermeneias,* ed. Spiazzi, R. M., Trino-Roma: Marietti, 1955.


### 2　アリストテレス


*Polit.*　*The Politics, with an Introduction, two prefatory Essays and Notes Critical and Explanatory*（by Newman, W. L.）, Clarendon, 1887（repr. Philosophy of Platoand Aristotle, New York: Arno Press, 1973）.


## Ⅱ　引用文献

本書では，何らかの仕方で言及した文献を「引用文献」として，註における文献表示に対応させている。序註⑴参照。


Adler 1948　Adler, M. J., *Saint Thomas and the Gentiles*（The Aquinas Lecture, 1938）, Milwaukee: Marquette University Press.

Aertsen 1987　Aertsen, J. A., "Natural Law in the Light of the Doctrine of Transcendentals", *Lex et Libertas Freedom and Law according to St. Thomas Aquinas*（Studi Tomistici 30）, Città del Vaticano: Libreria Editrice Vaticana, pp.99-112.

Aertsen 1988　Aertsen, J. A.（tr. Morton, H. D.）, *Nature and Creature: Thomas Aquinas's Way of Thought*（Studien und Texte zur Geistesgeschichte des Mittelalters 21）, Leiden-New York-Köln: E. J. Brill.

Aertsen 1999　Aertsen, J. A., "Thomas Aquinas on the Good: The Relation between Metaphysics and Ethics", *Aquinas's Moral Theory: Essays in Honor of Norman Kretzmann*（ed. MacDonald, S. and Stump, E.）, Ithaca-London: Cornell University Press, pp.235-253.

Aillet 1993　Aillet, M., *Lire la Bible avec S. Thomas: Le passage de la littera à la res dans la Somme théologique*（Studia Friburgensia Nouvelle Série 80）, Fribourg Suisse: Editions Universitaires Fribourg Suisse.

Anderson 2006　Anderson, B., *Imagined Communities: Reflections on the Origin and Spread*

*of Nationalism,* London-New York: Verso.（『定本想像の共同体－ナショナリズムの起源と流行』白石隆・白石さや訳，書籍工房早山，2007年）

Ashley 1991　Ashley, B. M., "The River Forest School and the Philosophy of Nature Today", *Philosophy and the God of Abraham: Essays in Memory of James A. Weisheipl, OP* (Papers in Mediaeval Studies 12, ed. Long, R. J.), Toronto: Pontifical Institute of Mediaeval Studies, pp.1-15.

Ashley 2004　Ashley, B. M., "The Anthropological Foundations of the Natural Law: A Thomistic Engagement with Modern Science", *St. Thomas Aquinas & the Natural Law Tradition: Contemporary Perspectives* (ed. Goyette, J., Latkovic, M. S. and Myers, R. S.), Washington, D. C.: The Catholic University of America Press, pp.3-16.

Aubert 1982　Aubert, J. -M., "Le monde physique en tant que totalité et la causalité universelle selon saint Thomas d'Aquin", *La Philpsophie de la nature de Saint Thomas d'Aquin* (Studi Tomistici 18, ed. L. Elders), Città del Vaticano: Libreria Editrice Vaticana, pp.82-106.

Baldner 1991　Baldner, S. E.,"St. Thomas and Charles Hartshorne on Change and Process", *Philosophy and the God of Abraham: Essays in Memory of James A. Weisheipl, OP* (Papers in Mediaeval Studies 12, ed. Long, R. J.), Toronto: Pontifical Institute of Mediaeval Studies, pp.17-29.

Baumgarth・Regan 1988　Baumgarth, W. P. and Regan, R. J., "Introduction", *Saint Thomas Aquinas On Law, Morality, and Politics,* Indianapolis: Hackett Publishing Company, pp.xiii-xxi.

Bigongiari 1981　Bigongiari, D.,"Introduction", *The Political Ideas of St. Thomas Aquinas,* New York: The Free Press, pp.vii-xxxvii.

Bobik 2001　Bobik, J., *Veritas Divina: Aquinas on Divine Truth,* South Bend: St. Augustine's Press.

Boler 1999　Boler, J., "Aquinas on Exceptions in Natural Law", *Aquinas's Moral Theory: Essays in Honor of Norman Kretzmann* (ed. MacDonald, S. and Stump, E.), Ithaca-London: Cornell University Press, pp.161-204.

Bourke 1947　Bourke, V. J., *St. Thomas and the Greek Moralists* (The Aquinas Lecture 1947, Spring), Milwaukee: Marquette University Press.

Bowlin 1999　Bowlin, J., *Contingency and Fortune in Aquinas's Ethics* (Cambridge Studies in Religion and Critical Thought), Cambridge: Cambridge University Press.

Bradley 1997　Bradley, D. J. M., *Aquinas on the Twofold Human Good: Reason and Human Happiness in Aquinas's Moral Science,* Washington, D. C.: The Catholic University of America Press.

Brock 1998　Brock, S. L., *Action and Conduct: Thomas Aquinas and the Theory of Action,* Edinburgh: T&T Clark.

Brown 1969a — Brown, P., "St. Thomas' Doctrine of Necessary Being", *Aquinas: A Collection of Critical Essays* (ed. Kenny, A.), Notre Dame: University of Notre Dame Press, pp.157-174.

Brown 1969b — Brown, P., "Infinite Causal Regression", *Aquinas: A Collection of Critical Essays* (ed. Kenny, A.), Notre Dame: University of Notre Dame Press, pp.214-236.

Burrell 2004 — Burrell, D. B., "Al-Ghazālī, Aquinas, and Created Freedom", *Being and Thought in Aquinas* (ed. Hackett, J. H., Murnion, W. E., and Still, C. N.), Binghamton University: Global Academic Publishing, pp.17-46.

Caster 2004 — Caster, K. J., "William of Auvergne and St. Thomas Aquinas on the Real Distinction between Being and Essence", *Being and Thought in Aquinas* (ed. Hackett, J. H., Murnion, W. E., and Still, C. N.), Binghamton University: Global Academic Publishing, pp.75-108.

Cates 2002 — Cates, D. F., "The Virtue of Temperance (Ⅱa Ⅱae, qq.141-170)", *The Ethics of Aquinas* (ed. Pope, S. J.), Washington, D. C.: Georgetown University Press, pp.321-339.

Chenu 1968 — Chenu, M.-D. (tr. Taylor, J. and Little, L. K.), *Nature, Man and Society in the Twelfth Century: Essays on New Theological Perspective in the Latin West,* Chicago-London: The University of Chicago Press.

Chenu 1978 — Chenu, M.-D. (tr. Bernath, K), "Der Plan der >Summa<", *Thomas von Aquin I. Chronologie und Werkanalyse* (Wege der Forschung 188, ed. Bernath, K.), Darmstadt: Wissenschaftliche Buchgesellschaft, pp.173-195.

Chesterton 2002 — Chesterton, G. K., *St. Thomas Aquinas / St. Francis of Assisi in one Volume,* San Francisco: Ignatius Press.

Clancy 1948 — Clancy, P. M. J., "St. Thomas on Law", St. Thomas Aquinas (tr. Fathers of the English Dominican Province), *Summa Theologica* (Articles on the Summa), Westminster: Christian Classics, pp.3270-3276.

Clark 1988 — Clark, M. T., "Introduction", *An Aquinas Reader Selections from the writings of Thomas Aquinas,* New York: Fordham University Press.

Clarke 2004 — Clarke, W. N., *Person And Being* (The Aquinas Lecture, 1993), Milwaukee: Marquette University Press.

Cooke 1969 — Cooke, B. J., *Beyond Trinity* (The Aquinas Lecture, 1969), Milwaukee: Marquette University Press.

Copleston 1950 — Copleston, F., *A Histry of Philosophy: Volume II Mediaeval Philosophy Augustine to Scotus,* London: Burns and Oates Limited, (repr. 1966).

Cuypers 2002 — Cuypers, S. E., "Thomistic Agent-Causalism", *Mind, Metaphysics, and Value in the Thomistic and Analytical Traditions* (ed. Haldane, J.), Noter Dame: University of Notre Dame Press, pp.90-108.

Dauphinais・ — Dauphinais, M. and Levering M., *Knowing the Love of Christ: An Intro-*

Levering 2002 — *duction to the Theology of St. Thomas Aquinas,* Notre Dame: University of Notre Dame Press.

Davies 1992 — Davies, B., *The Thought of Thomas Aquinas,* Oxford: Clarendon Press.

Davies 2002 — Davies, B., *Aquinas,* London-New York: Continuum.

Deck 1969 — Deck, J. N., "St. Thomas Aquinas and the Language of Total Dependence", *Aquinas: A Collection of Critical Essays* (ed. Kenny, A.), Notre Dame: University of Notre Dame Press, pp.237-254.

DeCrane 2004 — DeCrane, S. M., *Aquinas, Feminism, and the Common Good,* Washington, D. C.: Georgetown University Press.

Delanty 2003 — Delanty, G., *Community,* London-New York: Routledge. (『コミュニティ：グローバル化と社会理論の変容』山之内靖・伊藤茂訳，NTT出版，2006年)

D'Entrèves 1959 — D'Entrèves, A. P., *The Medieval Contribution to Political Thought: Thomas Aquinas, Marsilius of Padua, Richard Hooker,* New York: The Humanities Press.

Dewan 1991 — Dewan, L., "Aristotelian Features of the Order of Presentation in St. Thomas Aquinas' Summa theologiae, Prima pars, qq.3-11", *Philosophy and the God of Abraham: Essays in Memory of James A. Weisheipl, OP* (Papers in Mediaeval Studies 12, ed. Long, R. J.), Toronto: Pontifical Institute of Mediaeval Studies, pp.41-53.

Di Blasi 2006 — Di Blasi, F., *God and the Natural Law: A Rereading of Thomas Aquinas,* South Bend: St. Augustine's Press.

Donagan 1969 — Donagan, A., "The Scholastic Theory of Moral Law in the Modern World", *Aquinas: A Collection of Critical Essays* (ed. Kenny, A.), Notre Dame: University of Notre Dame Press, pp.325-339.

Dougherty 1984 — Dougherty, J. P., "Keeping the Common Good in Mind", *The Ethics of St. Thomas Aquinas* (Studi Tomistici 25, ed. Elders L. J. and Hedwig, K.), Città del Vaticano: Libreria Editrice Vaticana, pp.188-201.

Driscoll 1948 — Driscoll, J. A., "On Human Acts", St. Thomas Aquinas (tr.Fathers of the English Dominican Province), *Summa Theologica* (Articles on the Summa), Westminster: Christian Classics, pp.3201-3219.

Dutton 2004 — Dutton, B. D., "Divine Sovereignty and the Causal Power of Creatures; Aquinas's Answer to the Mutakallimūn", *Being and Thought in Aquinas* (ed. Hackett, J. H., Murnion, W. E., and Still, C.N.), Binghamton University: Global Academic Publishing, pp.47-74.

Eco 1988 — Eco, U. (tr. Bredin, H.), *The Aesthetics of Thomas Aquinas,* Cambridge: Harvard University Press.

Elders 1982 — Elders, L. J., "Saint thomas Aquinas' Commentary on the Physics of Aristotle", *La Philosophie de la nature de Saint Thomas d'Aquin* (Studi

| | |
|---|---|
| | Tomistici 18, ed. Elders, L.), Città del Vaticano: Libreria Editrice Vaticana, pp.107-133. |
| Elders 1984 | Elders, L. J., "St. Thomas Aquinas' Commentary on the Nicomachean Ethics", *The Ethics of St. Thomas Aquinas* (Studi Tomistici 25, ed. Elders, L. J. and Hedwig, K.), Citta del Vaticano: Libreria Editrice Vaticana, pp.9-49. |
| Elders 1993 | Elders, L. J., *The Metaphysics of Being of St. Thomas Aquinas: in a Historical Perspective* (Studien und Texte zur Geistesgeschichte des Mittelalters 34), Leiden-New York-Köln: E. J. Brill. |
| Elders 1997 | Elders, L. J., *The Philosophy of Nature of St. Thomas Aquinas: Nature, the Universe, Man,* Frankfurt am Main: Peter Lang. |
| Emery 2004 | Emery, G., "The Doctrine of the Trinity in St. Thomas Aquinas", *Aquinas on Doctrine: A Critical Introduction* (ed. Weinandy, T.G., Keating, D. A., and Yocum, J. P.), London-New York: T&T Clark International, pp.45-65. |
| Eschmann 1949 | Eschmann, I. T. "Introduction", *St. Thomas Aquinas On Kingship to the King of Cyprus* (Mediaeval Sources in Translation 2), Toronto: Pontifical Institute of Mediaeval Studies, pp.ix-xxxix. |
| Eschmann 1997 | Eschmann, I. T., *The Ethics of Saint Thomas Aquinas: Two Courses* (Etienne Gilson Series 20), Toronto: Pontifical Institute of Mediaeval Studies. |
| Finnis 1980 | Finnis, J., *Natural Law and Natural Rights*, Oxford: Clarendon Press. |
| Finnis 1987 | Finnis, J. M., "Natural Inclinations and Natural Rights: Deriving ≪Ought≫ from ≪Is≫ according to Aquinas", *Lex et Libertas: Freedom and Law according to St. Thomas Aquinas* (Studi Tomistici 30), Città del Vaticano: Libreria Editrice Vaticana, pp.43-55. |
| Finnis 1998 | Finnis, J., *Aquinas: Moral, Political, and Legal Theory,* Oxford: Oxford University Press. |
| Flannery 2001 | Flannery, K. L., *Acts Amid Precepts: The Aristotelian Logical Structure of Thomas Aquinas's Moral Theory,* Washington, D. C.: The Catholic University of America Press. |
| Fox 2003 | Fox, M., *Sheer Joy: Conversations with Thomas Aquinas on Creation Spirituality,* New York: Penguin Group Inc. |
| Freddoso 1988 | Freddoso, A. J., "Medieval Aristotelianism and the Case against Secondary Causation in Nature", *Divine & Human Action: Essays in the Metaphysics of Theism* (ed. Morris, T. V.), Ithaca-London: Cornell University Press, pp.74-118. |
| Froelich 1988 | Froelich, G. L., *Thomas Aquinas on Friendship and the Political Common Good,* Notre Dame: Medieval Institute. |
| Gallagher 1994 | Gallagher, D. M., "Aquinas on Goodness and Moral Goodness", *Thomas Aquinas and His Legacy* (Studies in Philosophy and the History of Philosophy 28, ed. Gallagher, D. M.), Washington, D. C.: The Catholic University |

of America Press, pp.37-60.

Genicot 1976 — Genicot, L., "Le De Regno: spéculation ou réalisme?", *Aquinas and Problems of His Time* (Mediaevalia Lovaniensia, ed. Verbeke, G. and Verhelst, D.), Leuven: Leuven University Press, pp.3-17.

George 2004 — George, R. P., "Kelson and Aquinas on the Natural Law Doctrine", *St. Thomas Aquinas & the Natural Law Tradition: Contemporary Perspectives* (ed. Goyette, J., Latkovic, M. S. and Myers, R. S.), Washington, D. C.: The Catholic University of America Press, pp.237-259.

Gilby 1958 — Gilby, T., *The Political Thought of Thomas Aquinas,* Chicago: The University of Chicago Press.

Gilson 1948 — Gilson, E., *History of Philosophy and Philosophical Education* (The Aquinas Lecture 1947, Fall), Milwaukee: Marquette University Press.

Gilson 1952 — Gilson, E., *Being and Some Philosophers* (2nd ed.), Toronto: Pontifical Institute of Mediaeval Studies.

Gilson 1957 — Gilson, E., *Le Thomisme: Introduction à la Philosophie de saint Thomas d'Aquin* (Études de Philosophie Médiévale), Paris: Librairie Philosophique J, Vrin (repr.1989) (*The Christian Philosophy of St. Thomas Aquinas,* tr. Shook, L. K., Notre Dame: University of Notre Dame Press, repr.1994).

Gilson 1974 — Gilson, E., *Saint Thomas Moraliste* (Bibliothèque d'Histoire de la Philosophie), Paris: Librairie Philosophique J. Vrin.

Gilson 1986 — Gilson, E., *Thomist Realism and the Critique of Knowledge,* San Francisco: Ignatius Press.

Gilson 1991 — Gilson, E. (tr. Downes, A. H. C.), *The Spirit of Mediaeval Philosophy,* Notre Dame-London: University of Notre Dame Press.

Gilson 2007 — Gilson, E. (Tr. Ward, L. R.), *Moral Values and the Moral Life: The Ethical Theory of St. Thomas Aquinas,* Whitefish: Kessinger Publishing.

Goodwin 1987 — Goodwin, R. P., "General Introduction", *Aquinas: Selected Writings of St. Thomas Aquinas,* New York: Macmillan Publishing Company,.pp.ix-xviii.

Grabmann 1925 — Grabmann, M., *Die Kulturphilosophie des Hl. Thomas von Aquin,* Augsburg: Verlegt bei Benno Filser Augsburg.

Grabmann 1949 — Grabmann, M., *Thomas von Aquin: Personlichkeit und Gedankenwelt,* München: Kösel Verlag.

Gradl 2004 — Gradl, S., *Deus Beatitudo Hominis: Eine Evangelische Annäherung an die Glückslehre des Thomas von Aquin* (Publications of the Thomas Instituut te Utrecht, New Series, Volume X), Utrecht: Peeters Leuven

Grech 1967 — Grech, G. M., *The Commentary of Peter of Auvergne on Aristote's Politics,* Roma: Pont. Univ. of St Thomas Aq.

Grenz 1994 — Grenz, S. J., *Theology for the Community of God,* Grand Rapids-Cambridge: W. B. Eerdmans Publishing Company.

Grisez 1969 Grisez, G. G., "The First Principle of Practical Reason: A Commentary on the Summa theologiae, 1-2, Question 94, Article 2", *Aquinas: A Collection of Critical Essays* (ed. Kenny, A.), Notre Dame: University of Notre Dame Press, pp.340-382.

Gulley 1964 Gulley, A. D., *The Educational Philosophy of Saint Thomas Aquinas,* New York: Pageant Press.

Gustafson 1944 Gustafson, G. J., *The Theory of Natural Appetency in the Philosophy of St. Thomas* (The Catholic University of America Philosophical Series 84), Washington, D. C.: The Catholic University of America Press.

Hackett 1991 Hackett, J., "Philosophy and Theology in Roger Bacon's Opus maius", *Philosophy and the God of Abraham: Essays in Memory of James A. Weisheipl,* OP (Papers in Mediaeval Studies 12, ed. Long, R. J.), Toronto: Pontifical Institute of Mediaeval Studies, pp.55-69.

Haldane 2002 Haldane, J., "The spirit of Thomism and the task of renewal", *Thomas Aquinas: Approaches to Truth* (The Aquinas Lectures at Maynooth, 1996-2001, ed. McEvoy J. and Dunne M.), Dublin: Four Courts Press, pp.66-76.

Hall 1987 Hall, P. M., *Natural Law, Phronesis, and Prudentia: Is Aquinas's Natural Law Theory Compatible with his Aristotelianism?,* Notre Dame: Medieval Institute.

Hall 1994 Hall, P. M., *Narrative and the Natural Law: An Interpretation of Thomistic Ethics,* Notre Dame-London: University of Notre Dame Press.

Harding 1976 Harding, A., "The Reflection of Thirteenth-Century Legal Growth in Saint Thomas's Writings", *Aquinas and Problems of His Time* (Mediaevalia Lovaniensia, ed. Verbeke, G. and Verhelst, D.), Leuven: Leuven University Press, pp.18-37.

Harris 1977 Harris, E. E., *The Problem of Evil* (The Aquinas Lecture, 1977), Milwaukee: Marquette University Press.

Hart 1959 Hart, C. A., *Thomistic Metaphysics: An Inquiry into the Act of Existing,* Englewood Cliffs: Prentice-Hall.

Healy 2003 Healy, N. M., *Thomas Aquinas: Theologian of the Christian Life,* Burlington: Ashgate Publishing Company.

Hedwig 1984 Hedwig, K., "Circa particularia. Kontingenz, Klugheit und Notwendigkeit im Aufbau des ethischen Aktes bei Thomas von Aquin", *The Ethics of St. Thomas Aquinas* (Studi Tomistici 25, ed. Elders, L. J. and Hedwig, K.), Citta del Vaticano: Libreria Editrice Vaticana, pp.161-187.

Henle 1999 Henle, R. J., *The American Thomistic Revival in the Philosophical Papers of R. J. Henle, S. J.,* St. Louis: Saint Louis University Press.

Hibbs 1987 Hibbs, T. S., *The Pedagogy of Law and Virtue in the Summa Theologiae,* Notre Dame: Medieval Institute.

Hibbs 2002 Hibbs, T. S., "Interpretations of Aquinas's Ethics Since Vatican II", *The Ethics of Aquinas* (ed. Pope, S. J.), Washington, D. C.: Georgetown University Press, pp.412-425.

Hibbs 2007 Hibbs, T. S., *Aquinas, Ethics, and Philosophy of Religion: Metaphysics and Practice,* Bloomington: Indiana University Press.

Hittinger 2004 Hittinger, R., "Thomas Aquinas on Natural Law and the Competence to Judge", *St. Thomas Aquinas & the Natural Law Tradition: Contemporary Perspectives* (ed. Goyette, J., Latkovic, M. S. and Myers, R. S.), Washington, D. C.: The Catholic University of America Press, pp.261-284.

Honnefelder 2002 Honnefelder, L., "The Evaluation of Goods and the Estimation of Consequences: Aquinas on the Determination of the Morally Good", *The Ethics of Aquinas* (ed. Pope, S. J.), Washington, D. C.: Georgetown University Press, pp.426-436.

Hood 1995 Hood, J. Y. B., *Aquinas and the Jews,* Philadelphia: University of Pennsylvania Press.

Hörmann 1984 Hörmann, K., "Das Objekt als Quelle der Sittlichkeit", *The Ethics of St. Thomas Aquinas* (Studi Tomistici 25, ed. Elders, L. J. and Hedwig, K.), Città del Vaticano: Libreria Editrice Vaticana, pp.118-132.

Hoye 1975 Hoye, W. J., *Actualitas Omnium Actuum: Man's Beatific Vision of God as Apprehended by Thomas Aquinas* (Monographien zur Philosophischen Forschung 116), Meisenheim am Glan: Verlag Anton Hain.

Hutchins 1949 Hutchins, R. M., *St. Thomas and the World State* (The Aquinas Lecture, 1949), Milwaukee: Marquette University Press.

Jaffa 1952 Jaffa, H. V., *Thomism and Aristotelianism: A Study of the Commentary by Thomas Aquinas on the Nicomachean Ethics,* Chicago: The University of Chicago Press.

Johnson 1991 Johnson, M, F., "The Sapiential Character of the First Article of the Summa theologiae", *Philosophy and the God of Abraham: Essays in Memory of James A. Weisheipl, OP* (Papers in Mediaeval Studies 12, ed. Long, R. J.), Toronto: Pontifical Institute of Mediaeval Studies, pp.85-98.

Jolif 1963 Jolif, J. Y., "Le Sujet Pratique selon Saint Thomas d'Aquin", *Saint Thomas d'Aquin Aujourd'hui,* Paris: Desclée de Brouwer,.pp.13-44.

Jordan 1999 Jordan, M. D., "Ideals of Scientia moralis and the Invention of the Summa theologiae", *Aquinas's Moral Theory: Essays in Honor of Norman Kretzmann* (ed. MacDonald, S. and Stump, E.), Ithaca-London: Cornell University Press, pp.79-97.

Jordan 2006 Jordan, M. D., *Rewritten Theology: Aquinas after His Readers* (Challenges in Contemporary Theology), Malden-Oxford-Carlton: Blackwell Publishing.

Kay 1996 Kay, J. W., "Getting Egypt out of the People: Aquinas's Contributions to

| | |
|---|---|
| | Liberation", *Aquinas and Empowerment: Classical Ethics for Ordinary Lives* (ed. Harak, G.S.), Washington, D. C.: Georgetown University Press, pp.1-46. |
| Keating 2004 | Keating, D. A., "Justification, Sanctification and Divinization in Thomas Aquinas", *Aquinas on Doctrine: A Critical Introduction* (ed. Weinandy, T. G., Keating, D. A., and Yocum, J. P.), London-New York: T&T Clark International, pp.139-158. |
| Keenan 1992 | Keenan, J. F., *Goodness and Rightness in Thomas Aquias's Summa Theologiae,* Washington.D.C.: Georgetown University Press. |
| Keenan 2002 | Keenan, J. F., "The Virtue of Prudence (Ⅱa Ⅱae, qq.47-56)", *The Ethics of Aquinas* (ed. Pope, S. J.), Washington, D. C.: Georgetown University Press, pp.259-271. |
| Kenny 1969 | Kenny, A., "Divine Foreknowledge and Human Freedom", *Aquinas: A Collection of Critical Essays* (ed. Kenny, A.), Notre Dame: University of Notre Dame Press, pp.255-270. |
| Kenny 1980 | Kenny, A., *Aquinas* (Past Masters), Oxford-Toronto-Melbourne: Oxford University Press. |
| Kenny 1999 | Kenny, A., "Aquinas on Aristotelian Happiness", *Aquinas's Moral Theory: Essays in Honor of Norman Kretzmann* (ed. MacDonald, S. and Stump, E.), Ithaca-London: Cornell University Press, pp.15-27. |
| Kerr 2002a | Kerr, F., *After Aquinas: Versions of Thomism,* Oxford: Blackwell Publishing. |
| Kerr 2002b | Kerr, F., "Aquinas after Wittgenstein", *Mind, Metaphysics, and Value in the Thomistic and Analytical Traditions* (ed. Haldane, J.), Noter Dame: University of Notre Dame Press, pp.1-17. |
| Kerr 2005 | Kerr, F., "Natural Law: Incommensurable Readings", *Aquinas's Summa Theologiae: Critical Essays* (ed. Davies, B.), Lanham: Rowman & Littlefield Publishers, pp.245-263. |
| Kluxen 1964 | Kluxen, W., *Philosophische Ethik bei Thomas von Aquin,* Mainz: Matthias-Grünewald-Verlag. |
| Kluxen 1974 | Kluxen, W., "Metaphysik und praktische Vernunft: Über ihre Zuordnung bei Thomas von Aquin", *Thomas von Aquin 1274/1974,* München: Kösel Verlag, pp.73-96. |
| Knowles 1969 | Knowles, D., "The Histcical Context of the Philosophical Work of St. Thomas Aquinas", *Aquinas: A Collection of Critical Essays* (ed. Kenny, A.), Notre Dame: University of Notre Dame Press, pp.13-26. |
| Koninck 1945 | Koninck, C. D., *In Defence of Saint Thomas: A Reply to Father Eschmann's Attack on the Primacy of the Common Good,* Québec: Éditions de l'Université Laval. |
| Kossel 2002a | Kossel, C. G., "Natural Law and Human Law (IaⅡae, qq.90-97)", *The* |

*Ethics of Aquinas* (ed. Pope, S. J.), Washington, D. C.: Georgetown University Press, pp.169-193.

Kossel 2002b — Kossel, C. G., "Thomistic Moral Philosophy in the Twentieth Century", *The Ethics of Aquinas* (ed. Pope, S. J.), Washington, D. C.: Georgetown University Press, pp.385-411.

Koterski 2004 — Koterski, J. W., "The Doctrine of Participation in Aquinas's Commentary on St. John", *Being and Thought in Aquinas* (ed. Hackett, J. H., Murnion, W. E., and Still, C.N.), Binghamton University: Global Academic Publishing, pp.109-121.

Krämer 2000 — Krämer, K., *Imago Trinitatis: Die Gottebenbildlichkeit des Menschen in der Theologie des Thomas von Aquin* (Freiburger Theologische Studien), Freiburg-Basel-Wien: Herder.

Krempel 1952 — Krempel, A., *La Doctrine de la Relation chez Saint Thomas: Exposé historique et systématique,* Paris: Librairie Philosophique J. Vrin.

Kretzmann 1999 — Kretzmann, N., *The Metaphysics of Creation: Aquinas's Natural Theology in Summa contra gentiles II,* Oxford: Clarendon Press.

Kühn 1974 — Kühn, U., "Thomas von Aquin und die evangelische Theologie", *Thomas von Aquin 1274/1974,* München: Kösel Verlag, pp.13-31.

Lafont 1961 — Lafont, G., *Structures et méthode dans la Somme théologique de saint Thomas d'Aquin* (textes et études théologiques), Bruges: Desclée de Brouwer.

Lagrange 1943 — Lagrange, R. G., *De Deo Trino et Creatore: Commentarius in Summam Theologicam S. Thomae Ia pp.28-119,* Torino-Roma: Marietti.

Lagrange 1951 — Lagrange, R. G., *De Beatitudine de Actibus Humanis et Habitibus: Commentarius in Summam Theologicam S. Thomae Ia IIae pp.1-54,* Torino-Roma: Marietti.

Latkovic 2004 — Latkovic, M. S., "Natural Law and Specific Moral Norms", *St. Thomas Aquinas & the Natural Law Tradition: Contemporary Perspectives* (ed. Goyette, J., Latkovic, M. S. and Myers, R. S.), Washington, D. C.: The Catholic University of America Press, pp.157-163.

Leclercq 1955 — Leclercq, J., *La philosophie morale de Saint Thomas devant la pensée contemporaine* (Bibliothèque Philosophique de Louvain 15), Louvain-Paris: Institut Superieur de Philosophie à l'Université Catholique de Louvain.

Linehan 2003 — Linehan, J. C., *The Rational Nature of Man with Particular Reference to the Effects of Immorality on Intelligence according to Saint Thomas Aquinas* (The Catholic University of America Philosophical Studies), Washington, D. C.: The Catholic University of America Press.

Lisska 1996 — Lisska, A. J., *Aquinas's Theory of Natural Law: An Analytic Reconstruction,* Oxford: Clarendon Press.

Lonergan 2000 Lonergan, B. J. F., *Collected Works of Bernard Lonergan Volume 1: Grace and Freedom: Operative Grace in the Thought of St Thomas Aquinas* (ed. Crowe, F. E. and Doran, R. M.), Toronto: University of Toronto Press.

Long 2004 Long, S. A., "Natural Law or Autonomous Practical Reason: Problems for the New Natural Law Theory", *St. Thomas Aquinas & the Natural Law Tradition: Contemporary Perspectives* (ed. Goyette, J., Latkovic, M. S. and Myers, R. S.), Washington, D. C.: The Catholic University of America Press, pp.165-193.

MacDonald 1999 MacDonald, S., "Practical Reasoning and Reasons-Explanations: Aquinas's Account of Reason's Role in Action", *Aquinas's Moral Theory: Essays in Honor of Norman Kretzmann* (ed. MacDonald, S. and Stump, E.), Ithaca-London: Cornell University Press, pp.133-160.

Macierowski 2004 Macierowski, E. M., "Aquinas's Pursuit of Wisdom and his Method in the Summa contra gentiles", *Being and Thought in Aquinas* (ed. Hackett, J. H., Murnion, W. E., and Still, C.N.), Binghamton University: Global Academic Publishing, pp.123-150.

MacIntyre 1981 MacIntyre, A., *After Virtue: A Study in Moral Theory* (2nd ed.), Notre Dame: University of Notre Dame Press. (『美徳なき時代』篠崎榮訳, みすず書房, 1993年)

MacIntyre 1988 MacIntyre, A., *Whose Justice? Which Rationality?,* Notre Dame: University of Notre Dame Press.

MacIntyre 2006 MacIntyre, A., *Ethics and Politics: Selected Essays, Volume 2,* Cambridge: Cambridge University Press.

Malet 1956 Malet, A., *Personne et Amour dans la Théologie Trinitaire de Saint Thomas d'Aquin* (Bibliothèque Thomiste 32), Paris: Libraire Philosophique J. Vrin.

Maritain 1942 Maritain, J., *Saint Thomas and the Problem of Evil* (The Aquinas Lecture, 1942), Milwaukee: Marquette University Press.

Maritain 1955 Maritain, J., *The Social and Political Philosophy of Jacques Maritain* (ed Evans, J. W. and Ward, L.R.), New York: Image Books.

Maritain 1998 Maritain, J., *Man end the State,* Washington, D. C.: The Catholic University of America Press.

Matthews 1999 Matthews, G. B., "Saint Thomas and the Principle of Double Effect", *Aquinas's Moral Theory: Essays in Honor of Norman Kretzmann* (ed. MacDonald, S. and Stump, E.), Ithaca-London: Cornell University Press, pp.63-78

Maurer 1986 Maurer, A., "introduction", *Thomas Aquinas: The division and methods of the sciences* (Mediaeval Sources in Translation 3), Toronto: Pontifical Institute of Mediaeval Studies, pp.vii-xli.

Maurer 1987 Maurer, A., "introduction", *Thomas Aquinas: Faith, reason and theology* (Mediaeval Sources in Translation 32), Toronto: Pontifical Institute of

Mediaeval Studies, pp.vii-xxxviii.

May 2004 May, W. E., "Contemporary Perspectives on Thomistic Natural Law", *St. Thomas Aquinas & the Natural Law Tradition: Contemporary Perspectives* (ed. Goyette, J., Latkovic, M. S. and Myers, R. S.), Washington, D. C.: The Catholic University of America Press, pp.113-156.

McCabe 1948 McCabe, M. J., "Vice and Sin Considered in Themselves", St. Thomas Aquinas (tr. Fathers of the English Dominican Province), *Summa Theologica* (Articles on the Summa), Westminster: Christian Classics, pp.3236-3251.

McCabe 1969 McCabe, H., "Categories", *Aquinas: A Collection of Critical Essays* (ed. Kenny, A.), Notre Dame: University of Notre Dame Press, pp.54-92.

McCabe 2002 McCabe, H., "Aquinas on Good Sense", *Thomas Aquinas: Contemporary Philosophical Perspectives* (ed. Davies, B.), New York: Oxford University Press, pp.339-351.

McCormick 1947 McCormick, J. F., *Saint Thomas and the Life of Learning* (The Aquinas Lecture, 1937), Milwaukee: Marquette University Press.

McCullough 1991 McCullough, E. J., "Nature and Natural Law in Albert", *Philosophy and the God of Abraham: Essays in Memory of James A. Weisheipl, OP* (Papers in Mediaeval Studies 12, ed. Long, R. J.), Toronto: Pontifical Institute of Mediaeval Studies, pp.129-146.

McEvoy 2002 McEvoy, J., "The other as oneself: friendship and love in the thought of St Thomas Aquinas", *Thomas Aquinas: Approaches to Truth* (The Aquinas Lectures at Maynooth, 1996-2001, ed. McEvoy J. and Dunne M.), Dublin: Four Courts Press, pp.16-37.

McInerny 1977 McInerny, R., *St. Thomas Aquinas,* Notre Dame-London: University of Notre Dame Press (repr.1982).

McInerny 1982 McInerny, R., *Ethica Thomistica: The Moral Philosophy of Thomas Aquinas,* Washington, D. C.: The Catholic University of America Press.

McInerny 1984 McInerny, R., "On Knowing Natural Law", *The Ethics of St. Thomas Aquinas* (Studi Tomistici 25, ed. L. J. Elders and K. Hedwig), Città del Vaticano: Libreria Editrice Vaticana, pp. 133-142.

McInerny 1992 McInerny, R., *Aquinas on Human Action: A theory of Practice,* Washington, D. C.: The Catholic University of America Press.

McInerny 1993 McInerny, R., "Ethics", *The Cambridge Companion to Aquinas* (ed. Kretzmann, N. and Stump, E.), Cambridge: Cambridge University Press, pp.196-216.

McInerny 1996 McInerny, R., *Aquinas and Analogy,* Washington, D. C.: The Catholic University of America Press.

McInerny 2004 McInerny, R., "Thomistic Natural Law and Aristotelian Philosophy", *St. Thomas Aquinas & the Natural Law Tradition: Contemporary Perspectives*

(ed. Goyette, J., Latkovic, M. S. and Myers, R. S.), Washington, D. C.: The Catholic University of America Press, pp.25-39.

McMahon 1948 McMahon, B., "The Treatise of St. Thomas on Man", St. Thomas Aquinas (tr. Fathers of the English Dominican Province), *Summa Theologica* (Articles on the Summa), Westminster: Christian Classics, pp.3187-3200.

Melsen 1982 Melsen, A. G. M. "Some Key-concepts of the Thomistic Philosophy of Nature Reconsidered", *La Philosophie de la nature de Saint Thomas d'Aquin* (Studi Tomistici 18, ed. Elders, L.), Città del Vaticano: Libreria Editrice Vaticana, pp.66-81.

Merriell 1990 Merriell, D. J., *To the Image of the Trinity: A Study in the Development of Aquinas' Teaching* (Studies and Texts 96), Toronto: Pontifical Institute of Mediaeval Studies.

Messner 1984 Messner, J., *Das Naturrecht: Handbuch der Gesellschaftsethik, Staatsethik und Wirtschaftsethik,* Berlin: Duncker & Humblot. (『自然法：社会・国家・経済の倫理』水波朗・栗城嘉夫・野尻武敏共訳，創文社，1995年)

Meyer 1961 Meyer, H., *Thomas von Aquin: sein System und seine Geistesgeschichtliche Stellung,* Paderborn: Ferdinand Schöningh. (*The Philosophy of St. Thomas Aquinas,* tr. Eckhoff, F., St. Louis-London: B. Herder Book Co., 1954).

Michel 1979 Michel, E., *Nullus Potest Amare Aliquid Incognitum, ein Beitrag zur Frage des Intellektualismus bei Thomas von Aquin* (Studia Friburgensia 57), Freiburg Schweiz: Universitätsverlag Freiburg Schweiz.

Monahan 1936 Monahan, W. B., *The Psychology of St. Thomas Aquinas: And Divine Revelation,* Worcester-London: Trinity Press.

Mondin 1975 Mondin, B., *St. Thomas Aquinas' Philosophy: In the Commentary to the Sentences,* The Hague: Martinus Nijhoff.

Morrall 1958 Morrall, J. B., *Political Thought in Medieval Times,* London: Hutchinson & co.

Morris 1988 Morris, T. V., "Introduction", *Divine & Human Action: Essays in the Metaphysics of Theism* (ed. Morris, T. V.), Ithaca-London: Cornell University Press, pp.1-9.

Mulgan 1977 Mulgan, R. G., *Aristotle's Political Theory: An Introduction for Students of Political Theory,* Oxford: Clarendon Press (repr.1986).

Murnion 2004 Murnion, W. E., "Aquinas's Theory of Human Freedom in the Summa the ologiae", *Being and Thought in Aquinas* (ed. Hackett, J. H., Murnion, W. E., and Still, C. N.), Binghamton University: Global Academic Publishing, pp.151-192.

Nemeth 2001 Nemeth, C. P., *Aquinas in the Courtroom: Lawyers, Judges, and Judicial Conduct,* Westport: Praeger Publishers.

Newman 1954 Newman, J., *Foundations of Justice: A Historico-Critical Study in Thomism,* Dublin: Cork University Press.

O'Connor 1948 O'Connor, W. R., *The Natural Desire for God* (The Aquinas Lecture, 1948), Milwaukee: Marquette University Press.

O'Donnell 1995 O'Donnell, R. A., *Hooked on Philosophy: Thomas Aquinas Made Easy,* New York: The Society of St. Paul.

O'Meara 1997 O'Meara, T. F., *Thomas Aquinas Theologian,* Notre Dame-London: University of Notre Dame Press.

Owens 1993 Owens, J., "Aristotle and Aquinas", *The Cambridge Companion to Aquinas* (ed. Kretzmann, N. and Stump, E.), Cambridge: Cambridge University Press, pp.38-59.

Pasnau 2002 Pasnau, R., *Thomas Aquinas on Human Nature: A Philosophical Study of Summa theologiae Ia 75-89,* Cambridge: Cambridge University Press.

Pasnau・Shields 2004 Pasnau, R. and Shields, C., *The Philosophy of Aquinas* (The Westview Histories of Philosophy Series), Boulder-Oxford: Westview Press.

Pearson 1991 Pearson, P., "Creation Through Instruments in Thomas' Sentence Commentary", *Philosophy and the God of Abraham: Essays in Memory of James A. Weisheipl, OP* (Papers in Mediaeval Studies 12, ed. Long, R. J.), Toronto: Pontifical Institute of Mediaeval Studies, p.147-160.

Pegis 1980 Pegis, A. C., *Saint Thomas and the Greeks* (The Aquinas Lecture -3), Milwaukee: Marquette University Press.

Penta 1942 Penta, C. D., *Hope and Society: A Thomistic Study of Social Optimism and Pessimism: A Study in Social Philosophy,* Washington, D. C.: The Catholic University of America Press.

Pieper 1974 Pieper, J., "Kreatürlichkeit: Bemerkungen über die Elemente eines Grundbegriffs", *Thomas von Aquin 1274/1974,* München: Kösel Verlag, pp.47-71.

Pieper 1991 Pieper, J., (tr. Winston, R. C.), *Guide to Thomas aquinas,* San Francisco: Ignatius Press.

Pinckaers 1984 Pinckaers, S., "La béatitude dans l'éthique de saint Thomas", *The Ethics of St. Thomas Aquinas* (Studi Tomistici 25, ed. Elders, L. J. and Hedwig, K.), Città del Vaticano: Libreria Editrice Vaticana, pp.80-94.

Pinckaers 1987 Pinckaers, S., "Liberté et préceptes dans la morale de saint Thomas", *Lex et Libertas: Freedom and Law according to St. Thomas Aquinas* (Studi Tomistici 30), Città del Vaticano: Libreria Editrice Vaticana, pp.15-24.

Pinckaers 2002 Pinckaers, S., "The desire for happiness as a way to God", *Thomas Aquinas: Approaches to Truth* (The Aquinas Lectures at Maynooth, 1996-2001, ed. McEvoy J. and Dunne M.), Dublin: Four Courts Press, pp.53-65.

Pope 2002 Pope, S. J., "Overview of the Ethics of Thomas Aquinas", *The Ethics of Aquinas* (ed. Pope, S. J.), Washington, D. C.: Georgetown University Press, pp.30-53.

Porter 1990 Porter, J., *The Recovery of Virtue: The Relevance of Aquinas for Christian*

*Ethics,* Louisville: Westminster/John Knox Press.

Porter 1999 Porter, J., *Natural and Divine Law: Reclaiming the Tradition for Christian Ethics,* Cambridge: William B. Eerdmans Publishing Company.

Porter 2002 Porter, J., "The Virtue of Justice (ⅡaⅡae, qq.58-122)", *The Ethics of Aquinas* (ed. Pope, S. J.), Washington, D.C.: Georgetown University Press, pp.272-286.

Porter 2005 Porter, J., *Nature as Person: A Thomistic Theory of the Natural Law,* Cambridge: William B. Eerdmans Publishing Company.

Preller 1967 Preller, V., *Divine Science and the Science of God: A Reformulation of Thomas Aquinas,* Princeton: Princeton University Press.

Principe 1991 Principe, W. H., "The truth of Human Nature according to Thomas Aquinas: Theology and Science in Interaction", *Philosophy and the God of Abraham: Essays in Memory of James A. Weisheipl, OP* (Papers in Mediaeval Studies 12, ed. Long, R. J.), Toronto: Pontifical Institute of Mediaeval Studies, pp.161-177.

Rahner 1974 Rahner, K., "Über die Unbegreiflichkeit Gottes bei Thomas von Aquin", *Thomas von Aquin 1274/1974,* München: Kösel Verlag, pp.33-45.

Reitan 1991 Reitan, E. A., "Aquinas and Weisheipl: Aristotle's Physics and the Existence of God", *Philosophy and the God of Abraham: Essays in Memory of James A. Weisheipl, OP* (Papers in Mediaeval Studies 12, ed. Long, R. J.), Toronto: Pontifical Institute of Mediaeval Studies, pp.179-190.

Renick 2002 Renick, T. M., *Aquinas for Armchair Theologians,* Louisville- London: Westminster John Knox Press.

Rhonheimer 2002 Rhonheimer, M (tr. Lawrence, F. G.) "Sins Against Justice (ⅡaⅡae, qq.59-78)", *The Ethics of Aquinas* (ed. Pope, S. J.), Washington, D. C.: Georgetown University Press, pp.287-303.

Richard 1963 Richard, R. L., *The Problem of an Apologetical Perspective in the Trinitarian Theology of St. Thomas Aquinas* (Analecta Gregoriana 131), Rome: Gregorian University Press.

Robb 1974 Robb, J. H., *Man as Infinite Spirit* (The Aquinas Lecture, 1974), Milwaukee: Marquette University Publications.

Ross 1969 Ross, J. F., "Analogy as a Rule of Meaning for Religious Language", *Aquinas: A Collection of Critical Essays* (ed. Kenny, A.), Notre Dame: University of Notre Dame Press, pp.93-138.

Roth 1984 Roth, G., "Das Verhältnis von Angst und Freiheit nach Thomas von Aquin", *The Ethics of St. Thomas Aquinas* (Studi Tomistici 25, ed. Elders, L. J. and Hedwig, K.), Città del Vaticano: Libreria Editrice Vaticana, pp.216-225.

Sandel 1998 Sandel, M. J., *Liberalism and the Limits of Justice* (2nd ed.), Cambridge: Cambridge University Press.

Sandel 2005 Sandel, M. J., *Public Philosophy: Essays on Morality in Politics,* Cambridge-London: Harvard University Press.

Schmitz 1994 Schmitz, K. L., "The Root and Branch of St. Thomas's Thought", *Thomas Aquinas and His Legacy* (Studies in Philosophy and the History of Philosophy 28, ed. Gallagher, D. M.), Washington, D. C.: The Catholic University of America Press, pp.1-15.

Schmölz 1959 Schmölz, F. M., *Das Naturgesetz und seine Dynamische Kraft* (Thomistische Studien/VIII.band), Freiburg: Paulusverlag Freiburg Schweiz.

Schultz 1999 Schultz, J. L., "Love of Friendship and the Perfection of Finite Persons in Aquinas", *Thomistic Papers VII; Medieval Masters Essays in Memory of Msgr E. A. Synan,* Houston: Center for Thomistic Studies, pp.209-232.

Schweizer 1957 Schweizer, O., *Person und Hypostatische Union bei Thomas von Aquin* (Studia Friburgensia Neue Folge 16), Freiburg Schweiz: Universitätsverlag Freiburg Schweiz.

Seidl 1984 Seidl, H., "Natürliche Sittlichkeit und metaphysische Voraussetzung in der Ethik des Aristoteles und Thomas von Aquin", *The Ethics of St. Thomas Aquinas* (Studi Tomistici 25, ed. Elders, L. J. and Hedwig, K.), Città del Vaticano: Libreria Editrice Vaticana, pp.95-117.

Selman 1994 Selman, F. J., *Saint Thomas Aquinas: Teacher of Truth,* Edinburgh: T&T Clark.

Selman 2007 Selman, F. J., *Aquinas 101 A Basic Introduction to the Thought of Saint Thomas Aquinas,* Notre Dame: Ave Maria Press.

Sertillanges 1961 Sertillanges, R. P., *La Philosophie morale de saint Thomas d'Aquin,* Paris: Aubier.

Shin 1993 Shin, C. -S., *"Imago Dei" und "Natura Hominis": Der Doppelansatz der thomistischen Handlungslehre* (Epistemata Würzburger Wissenschaftliche Schriften 138), Würzburg: Königshausen & Neumann.

Sigmund 1971 Sigmund, P. E., *Natural Law in Political Thought,* Washington, D. C.: University Press of America.

Sigmund 1993 Sigmund, P. E., "Law and politics", *The Cambridge Companion to Aquinas* (ed. Kretzmann, N. and Stump, E.), Cambridge: Cambridge University Press, pp.325-337.

Sigmund 2002 Sigmund, P. E., "Law and Politics", *Thomas Aquinas: Contemporary Philosophical Perspectives* (ed. Davies, B.), New York: Oxford University Press, pp.325-337.

Simon 1948 Simon, Y., *Nature and Functions of Authority* (The Aquinas Lecture, 1940), Milwaukee: Marquette University Press.

Smith 1947 Smith, E., *The Good of Being in Thomistic Philosophy and Its Contemporary Significance* (The Catholic University of America Philosophical Studies),

Washington, D. C.: The Catholic University of America Press.

Smith 1956 Smith, G., *The Truth that Frees* (The Aquinas Lecture, 1956), Milwaukee: Marquette University Press.

Smith 2004 Smith, J. E., "Character as an Enabler of Moral Judgment", *St. Thomas Aquinas & the Natural Law Tradition: Contemporary Perspectives* (ed. Goyette, J., Latkovic, M. S. and Myers, R. S.), Washington, D. C.: The Catholic University of America Press, pp.17-23.

Spade 1999 Spade, P. V., "Degrees of Being, Degrees of Goodness: Aquinas on Levels of Reality", *Aquinas's Moral Theory: Essays in Honor of Norman Kretzmann* (ed. MacDonald, S. and Stump, E.), Ithaca-London: Cornell University Press, pp.254-275.

Spanneut 1984 Spanneut, M., "Influences Stoïciennes sur la pensée morale de saint Thomas d'Aquin", *The Ethics of St. Thomas Aquinas* (Studi Tomistici 25, ed. Elders, L. J. and Hedwig, K.), Città del Vaticano: Libreria Editrice Vaticana, pp.50-79.

Stone 2002 Stone, M. W. F., "Practical Reason and the Order of Morals and Nature in Aquinas's Theory of the Lex Naturae", *Mind, Metaphysics, and Value in the Thomistic and Analytical Traditions* (ed. Haldane, J.), Noter Dame: University of Notre Dame Press, pp.195-212.

Stump 1999 Stump, E., "Wisdom: Will, Belief, and Moral Goodness", *Aquinas's Moral Theory: Essays in Honor of Norman Kretzmann* (ed. MacDonald, S. and Stump, E.), Ithaca-London: Cornell University Press, pp.28-62.

Stump 2002 Stump, E., "Aquinas's Account of Freedom: Intellect and will", *Thomas Aquinas: Contemporary Philosophical Perspectives* (ed. Davies, B.), New York: Oxford University Press, pp.275-294.

Stump 2003 Stump, E., *Aquinas* (Arguments of the Philosophers), London-New York: Routledge.

Stump・Kretzmann 1988 Stump, E. and Kretzmann, N., "Being and Goodness", *Divine and Human Action: Essays in the Metaphysics of Theism* (ed. Morris, T. V.), Ithaca-London: Cornell University Press, pp.281-312.

Stump・Kretzmann 2002 Stump, E. and Kretzmann, N., "Being and Goodness", *Thomas Aquinas: Contemporary Philosophical Perspectives* (ed. Davies, B.), New York: Oxford University Press, pp.295-323.

Swiezawski 1976 Swiezawski, S., "Quelques déformations de la pensée de St. Thomas dans la tradition thomiste", *Aquinas and Problems of His Time* (Mediaevalia Lovaniensia, ed. Verbeke, G. and Verhelst, D.), Leuven: Leuven University Press, pp.38-54.

Taylor 1991 Taylor, R.C., "Faith and Reason,Religion and Philosophy: Four Views from Medieval Islam and Christianity", *Philosophy and the God of Abraham:*

| | |
|---|---|
| | *Essays in Memory of James A. Weisheipl, OP* (Papers in Mediaeval Studies 12, ed. Long, R. J.), Toronto: Pontifical Institute of Mediaeval Studies, pp.217-233. |
| Tooke 1965 | Tooke, J. D., *The Just War in Aquinas and Grotius,* London: S. P. C. K. |
| Torrell 2005 | Torrell, J. P., (tr. Guevin, B. M.), *Aquinas's Summa: Background, Structure, & Recsption,* Washington D.C.: The Catholic University of America Press. |
| Tugwell 1988 | Tugwell, S., "Introduction", *Albert & Thomas Selected Writings* (The Classics of Western Spirituality), New York:Paulist Press, pp.201-351. |
| Twetten 1991 | Twetten, D. B., "Why Motion Requires a Cause: The foundation for a Prime Mover in Aristotle and Aquinas", *Philosophy and the God of Abraham: Essays in Memory of James A. Weisheipl, OP* (Papers in Mediaeval Studies 12, ed. Long, R. J.), Toronto: Pontifical Institute of Mediaeval Studies, pp.235-254. |
| Utz 1991 | Utz, A. F., "Die Ethik des Thomas von Aquin", *Ökonomie, Politik und Ethik in Thomas von Aquins ≫Summa theologiae≪,* Düsseldorf: Verlag Wirtschaft und Finanzen GmbH. |
| VanDrunen 2003 | VanDrunen, D., *Law & Custom: The Thought of Thomas Aquinas and the Future of the Common Law,* New York: Peter Lang. |
| Van Steenberghen 1980 | Van Steenberghen, F., *Thomas Aquinas and Radical Aristotelianism,* Washington, D. C.: The Catholic University of America Press. |
| Velde 1995 | Velde, R. A. te, *Participation and Substantiality in Thomas Aquinas* (Studien und Texte zur Geistesgeschichte des Mittelalters 46), Leiden-New York-Köln: E. J. Brill. |
| Vélez-Sáenz 1951 | Vélez-Sáenz, J., *The Doctrine of the Common Good of Civil Society in the Works of St. Thomas Aquinas* (Department of Philosophy Notre Dame), Ann Arbor: Edwards Brothers, Inc. |
| Verbeke 1976 | Verbeke, G., "Man as a Frontier according to Aquinas", *Aquinas and Problems of His Time* (Mediaevalia Lovaniensia, ed. Verbeke, G. and Verhelst, D.), Leuven: Leuven University Press, pp.195-223. |
| Verpaalen 1954 | Verpaalen, A. P., *Der Begriff des Gemeinwohls bei Thomas von Aquin: ein Beitrag zum Problem des Personalismus* (Sammlung Politeia Bd.VI), Heidelberg: F. H. Kerle Verlag. |
| Voegelin 1997 | Voegelin, E., *History of Political Ideas Volume II: The Middle ages to Aquinas* (The Collected Works of Eric Voegelin volume 20, ed. Sivers, P. V.), Columbia-London: University of Missouri Press. |
| Wadell 1996 | Wadell, P. J., "Growing Together in the Divine Love: The Role of Charity in the Moral Theology of Thomas Aquinas", *Aquinas and Empowerment: Classical Ethics for Ordinary Lives* (ed. Harak, G. S.), Washington, D. C.: Georgetown University Press, pp.134-169. |

Walgrave 1976 Walgrave, J. H.,"The Use of Philosophy in the Theology of Thomas Aquinas", *Aquinas and Problems of His Time* (Mediaevalia Lovaniensia, ed. Verbeke, G. and Verhelst, D.), Leuven: Leuven University Press, pp. 181-193.

Walgrave 1984 Walgrave, J. H.,"The Personal Aspect of St. Thomas' Ethics", *The Ethics of St. Thomas Aquinas* (Studi Tomistici 25, ed. Elders, L. J.and Hedwig, K.), Città del Vaticano: Libreria Editrice Vaticana, pp.202-215.

Walgrave 1987 Walgrave, J. H.,"Reason and Will in Natural Law", *Lex et Libertas: Freedom and Law according to St. Thomas Aquinas* (Studi Tomistici 30), Città del Vaticano: Libreria Editrice Vaticana, pp.67-81.

Wallace 1962 Wallace, W. A., *The Role of Demonstration in Moral Theology: A Study of Methodology in St.Thomas Aquinas,* Washington, D. C.: The Thomist Press.

Wallace 1982 Wallace, W. A.,"St. Thomas's Conception of Natural Philosophy and its Method", *La Philosophie de la nature de Saint Thomas d'Aquin* (Studi Tomistici 18, ed. Elders, L.), Città del Vaticano: Libreria Editrice Vaticana, pp.7-27.

Wallace 1991 Wallace, W. A.,"Aquinas and Newton on the Causality of Nature and of God: The Medieval and Modern Problematic", *Philosophy and the God of Abraham: Essays in Memory of James A. Weisheipl, OP* (Papers in Mediaeval Studies 12, ed. Long, R. J.), Toronto: Pontifical Institute of Mediaeval Studies, pp.255-279.

Wawrykow 2005 Wawrykow, J. P., *The Westminster Handbook to Thomas Aquinas* (The Westminster Handbooks to Christian Theology), Louisville: Westminster John Knox Press.

Weisheipl 1983 Weisheipl, J. A., *Friar Thomas D'Aquino: His Life, Thought & Works,* Washington, D. C.: The Catholic University of America Press.

Weiss 1963 Weiss, P., *Religion and Art* (The Aquinas Lecture, 1963), Milwaukee: Marquette University Press.

Wellmuth 1944 Wellmuth, J., *The Nature and Origins of Scientism* (The Aquinas Lecture, 1944), Milwaukee: Marquette University Press.

Westberg 2002 Westberg, D."Good and Evil in Human Acts", *The Ethics of Aquinas* (ed. Pope, S. J.), Washington, D. C.: Georgetown University Press, pp.90-102.

White 2004 White, L.,"Perception, Experience, and Practical Reason in Aquinas", *Being and Thought in Aquinas* (ed. Hackett, J.H., Murnion, W. E., and Still, C. N.), Binghamton University: Global Academic Publishing, pp.193-242.

Wippel 1993 Wippel, J. F.,"Metaphysics", *The Cambridge Companion to Aquinas* (ed. Kretzmann, N. and Stump, E.), Cambridge: Cambridge University Press, pp.85-127.

Wolfe 2004 Wolfe, C.,"Thomistic Natural Law and the American Natural Law Tradition", *St. Thomas Aquinas & the Natural Law Tradition: Contemporary Per-*

spectives* (ed. Goyette, J., Latkovic, M. S. and Myers, R. S.), Washington, D. C.: The Catholic University of America Press, pp.197-228.

Woznicki 1990　Woznicki, A. N., *Being and Order: The Metaphysics of Thomas Aquinas in Historical Perspective,* New York: Peter Lang.

Zagar 1984　Zagar, J., *Acting on Principles: A Thomistic Perspective in Making Moral Decisions,* Lanham-New York-London: University Press of America.

Zimmermann 1974　Zimmermann, A.,"Der Begriff der Freiheit nach Thomas von Aquin", *Thomas von Aquin 1274/1974,* München: Kösel Verlag, pp.125-159.

足立 2006　足立正樹『高齢社会と福祉社会』高菅出版.

五百旗頭 2002　五百旗頭真治郎『キリスト教所有権思想の研究』南窓社.

稲垣 1961　稲垣良典『トマス・アクィナスの共通善思想－人格と社会－』有斐閣.

稲垣 1970　稲垣良典『トマス・アクィナス哲学の研究』創文社.

稲垣 1981　稲垣良典『習慣の哲学』創文社.

稲垣1997　稲垣良典『トマス・アクィナス倫理学の研究』(長崎純心大学学術叢書 1) 九州大学出版会.

川本 1995　川本隆史『現代倫理学の冒険－社会理論のネットワーキングへ－』(現代自由学芸叢書) 創文社.

桑原 2005　桑原直己『トマス・アクィナスにおける「愛」と「正義」』知泉書館.

ケテラー 2004　W. E. フォン・ケテラー (桜井健吾訳)『労働者問題とキリスト教』晃洋書房.

齋藤 2000　齋藤純一『公共性』岩波書店.

佐々木 2001a　佐々木亘「食と共同体－トマス・アクィナスの共同体論を手がかりにして－」,『日本カトリック神学会誌』第12号, pp.105-127.

佐々木 2001b　佐々木亘「食と人間教育－トマス・アクィナスの人間理解を手がかりにして－」,『人間学紀要』第31号, pp.51-65.

佐々木 2003a　佐々木亘「共同善としての食－トマス・アクィナスの共同善思想を手がかりにして－」,『日本カトリック神学会誌』第14号, pp.133-154.

佐々木2003b　佐々木亘「五百旗頭真治郎『キリスト教所有権思想の研究』南窓社, 2002年, 314頁」,『日本の神学』第42号, pp.147-151.

佐々木 2005　佐々木亘『トマス・アクィナスの人間論－個としての人間の超越性－』知泉書館.

野尻 1997　野尻武敏「変動する世界経済秩序と共同善」,『変動する世界における共同善』(南山社会倫理研究叢書第2巻), pp.105-118.

野尻 2003　野尻武敏「わが国の戦後思潮と人間－その得たものと失ったもの」,『21世紀ヒューマンケア研究機構研究年報』第9巻, pp.1-12.

野尻 2005　野尻武敏『近代を超えて－21世紀文明とヒューマンケア－』財団法人21世紀ヒューマンケア研究機構.

野尻 2006　　野尻武敏『転換期の政治経済倫理序説－経済社会と自然法－』ミネルヴァ書房.

水波 2005　　水波朗『自然法と洞見知―トマス主義法哲学・国法学遺稿集―』創文社.

山田1978　　山田晶『トマス・アクィナスの《エッセ》研究－中世哲学研究第二－』創文社.

山田1986　　山田晶『トマス・アクィナスの《レス》研究－中世哲学研究第四－』創文社.

山本 1992　　山本耕平「トマスにおける人間の意志の自由と必然」，K.リーゼンフーバー他編『中世における知と超越－思索の原点をたずねて－』創文社.

リーゼンフーバー 1999　　K. リーゼンフーバー「人格の理性的自己形成―トマス・アクィナスの倫理学の存在論的・人間論的構造―」，上智大学中世思想研究所編『トマス・アクィナスの倫理思想』創文社.

# 註

## 序　共同体とは何か

1）佐々木 2005, pp.168-170参照。なお，以下，本書で言及する文献を「引用文献」とする。註ではその文献を著者名と出版年等で表し，該当する頁を示すにとどめる。著者名と出版年等の表記は，文献表の引用文献の個所に対応している。

2）佐々木 2005, pp.176-178参照。なお，本書は，「自由の普遍性と正義の超越性 ── トマス・アクィナスにおける人間論の展望 ── 」（平成16年度～18年度）と，「幸福の普遍性と共同善の超越性 ── トマス・アクィナスにおける人間論の展開 ── 」（平成19年度以降）という，二つの科学研究費補助金（基盤研究 C）の交付を受けてなされた研究である。

3）Gustafson 1944, pp.110-111参照。

4）なお，トマスにおける科学の意味に関しては，Maurer 1986, pp.viii-x 参照。

5）Verbeke 1976, p.223参照。

6）『神学大全』の意味に関しては，Johnson 1991, pp.96-98; Knowles 1969, pp.24-26; Pearson 1991, pp.159-160; Pieper 1991, pp100-102; Taylor 1991, pp.231-232; Tugwell 1988, pp.256-259参照。じっさい，この書では哲学等の「水」を神学の「ワイン」に変えている。この点は，Maurer 1987, pp.xiii-xvi; Goodwin 1987, pp.xiii-xvi; Clark 1988, pp.18-22参照。

7）*S. T.* I-II, q.1, a. 1, c. actionum quae ab homine aguntur, illae solae proprie dicuntur humanae, quae sunt propriae hominis inquantum est homo. Differt autem homo ab aliis irrationalibus creaturis in hoc, quod est suorum actuum dominus. Unde illae solae actiones vocantur proprie humanae, quarum homo est dominus. Est autem homo dominus suorum actuum per rationem et voluntatem: unde et liberum arbitrium esse dicitur facultas voluntatis et rationis. Illae ergo actiones proprie humanae dicuntur, quae ex voluntate deliberata procedunt. Si quae autem aliae actiones homini conveniant, possunt dici quidem hominis actiones; sed non proprie humanae, cum non sint hominis inquantum est homo.-Manifestum est autem quod omnes actiones quae procedunt ab aliqua potentia, causantur ab ea secundum rationem sui obiecti. Obiectum autem voluntatis est finis et bonum. Unde oportet quod omnes actiones humanae propter finem sint. なお，トマスはこの個所で，ヨハネス・ダマスケネスから大きな影響を受けている。Bourke 1947, pp.16-21参照。

8）Hörmann 1984, p.119参照。

9）Gallagher 1994, p.47; Kluxen 1964, p.31参照。

10）なお，ここでの行為とは，身体的な行為のみを意味するものではない。この点，Cuypers 2002, pp.98-99の見解は，誤解を含んでいるように思われる。

11）Spade 1999, pp.274-275; Stump 1999, pp.30-31参照。

12) Davies 2002, p.119; White 2004, pp.196-199参照。

13) Gradl 2004, pp.161-163; Lagrange 1951, pp.29-31; Zagar 1984, pp.46-50参照。

14) Weisheipl 1983, pp.257-258参照。

15) Bigongiari 1981, pp.vii-viii; O'Donnell 1995 ,pp.65-69参照。

16) Morrall 1958, p.72参照。

17) Aristotle, Polit., I, c.2, 1253a27-29. ὁ δὲ μὴ δυνάμενος κοινωνεῖν, ἢ μηδὲν δεόμενος δι αὐτάρκειαν, οὐδὲν μέρος πόλεως, ὥστε ἢ θηρίον ἢ θεός.

18) なお，トマスはその倫理思想においてアリストテレスを基礎としているが，そこにはまた重大な変更を加えている。Jordan 1999, pp.84-88参照。

19) VanDrunen 2003, pp.74-75参照。

20) Porter 1990, p.126参照。

21) 佐々木 2001a, pp.105-114; 佐々木 2001b, pp.51-56; 佐々木 2003, pp.105-114参照。

22) Adler 1948, pp.62-65; Ashley 1991, pp.14-15; Gilson 1948, pp.28-31参照。

23) Baumgarth·Regan 1988, p.xxi; Matthews 1999, pp.63-64参照。

24) Dutton 2004, p.56参照。

25) いわゆる現代の「共同体論（Communitarianism）」に関して，桑原は，「一般に共同体論者たちが義務論倫理学に対して不満を抱く真の動機は，その正義至上主義のゆえに，愛の倫理が等閑に付されている，という点にあるように思われる」と言っている（桑原 2005, pp.7-8）。ここから，リベラル・コミュニタリズムという思想の特徴を見ることができよう。この点は，サンデルの *Liberalism and the Limits of Justice* という書物の題名において明白である（Sandel 1998, pp.175-183参照）。なお，その思想に関しては，Delanty 2003, pp.74-79; 川本 1995, pp.54-64参照。これに対して，本書がめざしているものは，あくまでトマスに即した共同体の理解であり，その限りにおいて，現代の共同体論者の関心と共有する点もあるように考えている。Di Blasi 2006, p.21参照。

26) なお，本性と恩恵については，Chenu 1968, p.203参照。

27) ed. Busa, R., *Index Thomisticus,* Sectio Secunda, Concordantia Operum Thomisticorum, Concordantia Prima, and Altera, Stuttugart, 1974.

### I-1 個の運動と共同体

1) *S. T.* I-II, q.1, a.1, c. 序註（7）参照。

2) *S. T.* I, q.82, a.1, c. Quinimmo necesse est quod, sicut intellectus ex necessitate inhaeret primis principiis, ita voluntas ex necessitate inhaereat ultimo fini, qui est beatitudo: finis enim se habet in operativis sicut principium in speculativis, ut dicitur in II *Physic*. Oportet enim quod illud quod naturaliter alicui convenit et immobiliter, sit fundamentum et principium omnium aliorum: quia natura rei est primum in unoquoque, et omnis motus procedit ab aliquo immobili.

3) Brown 1969a, pp.160-162参照。

4) Hedwig 1984, pp.163-165参照。

5) *S. T.* I-II, q.1, a. 5, c. impossibile est quod voluntas unius hominis simul se habeat ad diversa, sicut ad ultimos fines...... Sicut autem se habet ultimus finis hominis simpliciter ad totum

humanum genus, ita se habet ultimus finis huius hominis ad hunc hominem. Unde oportet quod, sicut omnium hominum est naturaliter unus finis ultimus, ita huius hominis voluntas in uno ultimo fine statuatur.

6) Hibbs 1987, pp.133-171参照。

7) Michel 1979, pp.126-130参照。

8) *S. T.* III, q.20, a. 1, ad 2. relatio servitutis et dominii fundatur super actione et passione: inquantum scilicet servi est moveri a domino secundum imperium.

9) 詳しくは，佐々木 2005, pp.126-134参照。

10) Twetten 1991, pp.252-254参照。

11) 「人間的行為の構造」ということに関しては，通常「意志と自由意思の関係」などが考察されている。Dauphinais・Levering 2002, pp.45-47; Gilson 1957, pp.314-319; Gilson 2007, pp.52-78参照。しかし，「自らによって自らを動かす」ことによって人間的行為が成立する以上，かかる「能動と受動の構造」こそ，「人間的行為の構造」を意味していると考えられる。Eschmann 1997, pp.88-90参照。

12) *S. T.* I-II, q.1, a. 3, c. Et utroque modo actus humani, sive considerentur per modum actionum, sive per modum passionum, a fine speciem sortiuntur. Utroque enim modo possunt considerari actus humani: eo quod homo movet seipsum, et movetur a seipso. Dictum est autem supra (q.1, a.1) quod actus dicuntur humani, inquantum procedunt a voluntate deliberata. Obiectum autem voluntatis est bonum et finis. Et ideo manifestum est quod principium humanorum actuum, inquantum sunt humani, est finis. Et similiter est terminus eorundem: nam id ad quod terminatur actus humanus, est id quod voluntas intendit tanquam finem.

13) Brown 1969b, pp.220-223参照。

### I-2 個の習慣と共同体

1) *S. T.* I-II, q.1, a.3, c. 第一部第一章註 (12) 参照。

2) *S. T.* I-II, q.1, a.1, c.序註 (7) 参照。

3) *S. T.* I, q.82, a.1, c. 第一部第一章註 (2) 参照。

4) *S. T.* I-II, q.1, a.5, c. 第一部第一章註 (5) 参照。

5) *S. T.* I, q.82, a.1, ad 3. sumus domini nostrorum actuum secundum quod possumus hoc vel illud eligere. Electio autem non est de fine, sed de his quae sunt ad finem, ut dicitur in III *Ethic*. Unde appetitus ultimi finis non est de his quorum domini sumus.

6) Davies 2002, pp.129-134; Smith 1947, p.71; Stump 2002, pp.286-287参照。

7) ここに，人間の自由の内実が存している。Gilson 1991, pp.313-314参照。

8) 註 (4) 参照。

9) 註 (4) 参照。

10) 至福に関しては，Hall 1987, pp.66-68; Pinckaers 2002, pp.64-65参照。

11) 註 (1) 参照。

12) *S. T.* I-II, q.21, a.3, ad 2. homo, qui habet dominium sui actus, ipse etiam, inquantum est alterius, scilicet communitatis, cuius est pars, meretur aliquid vel demeretur, inquantum actus

suos bene vel male disponit: sicut etiam si alia sua, de quibus communitati servire debet, bene vel male dispenset.

13） Aristotle, Polit., I ,c.2, 1253a27-29. 序註（17）参照。

14） *S. T.* I-II, q.51, a.2, c. Invenitur autem aliquod agens in quo est principium activum et passivum sui actus: sicut patet in actibus humanis...... Unde ex talibus actibus possunt in agentibus aliqui habitus causari, non quidem quantum ad primum activum principium, sed quantum ad principium actus quod movet motum.

15） その意味で，習慣は我々にとって，第二の本性に他ならない。Kay 1996, pp.4-5参照。

16） 佐々木 2005, pp.121-125参照。

17） *S. T.* I-II, q.49, a.3, c. Unde habitus non solum importat ordinem ad ipsam naturam rei, sed etiam consequenter ad operationem, inquantum est finis naturae, vel perducens ad finem.

18） Linehan 2003, p.58参照。

### I-3 共同体とペルソナ

1） *S. T.* I-II, q.21, a.3, ad 2. 第一部第二章註（12）参照。

2） *S. T.* I, q. 29, a.1, c. Sed adhuc quodam specialiori et perfectiori modo invenitur particulare et individuum in substantiis rationalibus, quae habent dominium sui actus, et non solum aguntur, sicut alia, sed per se agunt: actiones autem in singularibus sunt. Et ideo etiam inter ceteras substantias quoddam speciale nomen habent singularia rationalis naturae. Et hoc nomen est persona. なお，この個所に関しては，Clarke 2004, pp.29-32; Linehan 2003, pp.87-88; Wawrykow 2005, pp.106-108参照。

3） *S. T.* I-II, q.1, a.1, c.序註（7）参照。

4） Malet 1956, pp.88-90参照。

5） Schweizer 1957, pp.94-95参照。

6） Emery 2004, pp.50-52参照。

7） Ashley 2004, p.11; Schultz 1999, pp.224-225; 水波 2005, pp.215-224参照。

8） *S. T.* II-II, q.61, a.1, c. iustitia particularis ordinatur ad aliquam privatam personam, quae comparatur ad communitatem sicut pars ad totum.

9） *S. T.* II-II, q.64, a.2, c. Omnis autem pars ordinatur ad totum ut imperfectum ad perfectum. Et ideo omnis pars naturaliter est propter totum...... Quaelibet autem persona singularis comparatur ad totam communitatem sicut pars ad totum.

10） 註（3）参照。

11） ジルソンが指摘しているように，トマスの体系において，倫理学の研究は形而上学の研究と切り離すことはできない（Gilson 1974, p.17）。したがって，この場合の完全性とは，倫理的な意味だけではなく，ペルソナとしての存在そのものの完全性にも開かれていると考えられる。Aertsen 1999, pp.252-253; Bradley 1997, pp.260-262; Caster 2004, p.98; Grabmann 1949, p.154; Kluxen 1974, pp.94-95; MacDonald 1999, pp.151-154; McCabe 1969, pp.91-92; O'Connor 1948, pp.26-37; Renick 2002, pp.63-64; Ross 1969, pp.132-134; Seidl 1984, pp.95-99; Swiezawski 1976, pp.53-55; 野尻 2005, pp.78-81参照。

12) *S. T.* II-II, q.58, a.9, ad 3. bonum commune est finis singularum personarum in communitate existentium, sicut bonum totius finis est cuiuslibet partium.

13) *S. T.* I, q.30, a.4, c. ipse modus loquendi ostendit hoc nomen persona tribus esse commune, cum dicimus tres personas: sicut cum dicimus tres homines, ostendimus hominem esse commune tribus...... Et ideo dicendum est quod etiam in rebus humanis hoc nomen persona est commune communitate rationis, non sicut genus vel species, sed sicut individuum vagum...... Sed individuum vagum, ut aliquis homo, significat naturam communem cum determinato modo existendi qui competit singularibus, ut scilicet sit per se subsistens distinctum ab aliis.

14) *In Periherm.*, I, l.10, n.130. sed quia non determinate significat formam alicuius singularis, sub quadam indeterminatione singulare designat; unde et dicitur individuum vagum.

15) Lagrange 1943, p.119参照。

16) Elders 1997, pp.260-262参照。

17) *S. T.* I-II, q.51, a.2, c. 第一部第二章註（14）参照。

18) *S. T.* I-II, q.49, a.3, c. 第一部第二章註（17）参照。

19) 註（1）参照。

20) O'Donnell 1995, pp.68-69; Vélez-Sáenz 1951, p.35; 野尻 2003, pp.10-12参照。

### Ⅱ-1 究極目的と共同善

1) *S. T.* I, q.29, a.1, c. 第一部第三章註（2）参照。

2) *S. T.* II-II, q.64, a.2, c. 第一部第三章註（9）参照。

3) *S. T.* II-II, q.58, a.9, ad 3. 第一部第三章註（12）参照。

4) Aristotle, *Polit.*, I, c.2, 1253a18-20. καὶ πρότερον δὴ τῇ φύσει πόλις ἢ οἰκία καὶ ἕκαστος ἡμῶν ἐστίν. τὸ γὰρ ὅλον πρότερον ἀναγκαῖον εἶναι τοῦ μέρους.

5) なお，トマスの註解の特徴に関しては，Grech 1967, pp.56-57参照。

6) *In I Polit.*, l.1, n.39. Sic igitur potest, quod totum est prius naturaliter quam partes materiae, quamvis partes sint priores ordine generationis. Sed singuli homines conparantur ad totam civitatem, sicut partes hominis ad hominem. Quia sicut manus aut pes non potest esse sine homine, ita nec unus homo est per se sibi sufficiens ad vivendum separatus a civitate.

7) 註（1）参照。

8) 註（2）参照。

9) *S. T.* I-II, q.1, a.1, c.序註（7）参照。

10) *S. T.* I, q.82, a.1, c. 第一部第一章註（2）参照。

11) *S. T.* I-II, q.1, a.5, c. 第一部第一章註（5）参照。

12) Burrell 2004, pp.36-37; Kossel 2002b, pp.389-390参照。

13) *S. T.* I-II, q.90, a.2, c. Primum autem principium in operativis, quorum est ratio practica, est finis ultimus. Est autem ultimus finis humanae vitae felicitas vel beatitudo, ut supra habitum est (q.2, a.7; q.3, a.1; q.69, a. 1). Unde oportet quod lex maxime respiciat ordinem qui est in beati tudinem.—Rursus, cum omnis pars ordinetur ad totum sicut imperfectum ad perfectum; unus autem homo est pars communitatis perfectae: necesse est quod lex proprie respiciat ordinem ad

felicitatem communem...... In quolibet autem genere id quod maxime dicitur, est principium aliorum, et alia dicuntur secundum ordinem ad ipsum: sicut ignis, qui est maxime calidus, est causa caliditatis in corporibus mixtis, quae intantum dicuntur calida, inquantum participant de igne. Unde oportet quod, cum lex maxime dicatur secundum ordinem ad bonum commune, quodcumque aliud praeceptum de particulari opere non habeat rationem legis nisi secundum ordinem ad bonum commune. Et ideo omnis lex ad bonum commune ordinatur. なお，この個所に関しては，Porter 2002, pp.273-276参照。

14）*S. T.* I-II, q.90, a.1, c. lex quaedam regula est et mensura actuum, secundum quam inducitur aliquis ad agendum, vel ab agendo retrahitur: dicitur enim lex a ligando, quia obligat ad agendum. Regula autem, et mensura humanorum actuum est ratio, quae est primum principium actuum humanorum...... Unde relinquitur quod lex sit aliquid pertinens ad rationem.

15）McCabe 2002, pp.346-351参照。

16）Messner 1984, p.243; Pinckaers 1984, pp.80-84参照。

17）註（11）参照。

18）Krempel 1952, pp.631-632参照。

**Ⅱ-2　共同体の完全性**

1）*In I Polit.*, l. 1, n.39. 第二部第一章註（6）参照。

2）*S. T.* I-II, q.90, a.2, c. 第二部第一章註（13）参照。

3）*S. T.* II-II, q.58, a.9, ad 3. 第一部第三章註（12）参照。

4）*S. T.* I-II, q.21, a.3, ad 2. 第一部第二章註（12）参照。

5）*S. T.* II-II, q.64, a.2, c. 第一部第三章註（9）参照。

6）Aristotle, *Polit.*, I, c.2, 1252b27-28. ἡ δ'ἐκ πλειόνων κωμῶν κοινωνία τέλειος πόλις ἤδη·

7）*In I Polit.*, l. 1, n.31. Primo ostendit ex quibus sit civitas. Quia sicut vicus constituitur ex pluribus domibus, ita civitas ex pluribus vicis. Secundo dicit, quod civitas est communitas perfecta: quod ex hoc probat, quia cum omnis communicatio omnium hominum ordinetur ad aliquid nec essarium vitae, illa erit perfecta communitas, quae ordinatur ad hoc quod homo habeat sufficienter quicquid esut necessarium ad vitam: talis autem communitas est civitas...... Tertio ostendit ad quid civitas ordinata sit: est enim primitus facta gratia vivendi, ut scilicet homines sufficienter invenirent unde vivere possent: sed ex eius esse provenit, quod homines non solum vivant, sed quod bene vivant, inquantum per leges civitatis ordinatur vita hominum ad virtutes. なお，この個所に関しては，Finnis 1980, pp.147-150; Keenan 2002, pp.263-265; 稲垣 1997, pp.351-364参照。

8）*In I Polit.*, l. 1, n.11. Est enim communitas quoddam totum: in omnibus autem totis, talis ordo invenitur quod illud totum quod in se includit aliud totum sit principalius:..... et similiter communitas quae includit alias communitates est principalior. Manifestum est autem quod civitas includit omnes alias communitates. Nam et domus et vici sub civitate comprehenduntur; et sic ipsa communitas politica est communitas principalissima. Est ergo coniectatrix principalissimi boni inter omnia bona humana: intendit enim bonum commune quod est melius et divinius quam bonum unius, ut dicitur in principio *Ethic.* なお，この個所に関しては，Jordan 2006, pp.146-149;

稲垣 1961, pp.125-132参照。

9） 註（2）参照。

10） *S. T.* I-II, q.90, a.3, ad 3. sicut homo est pars domus, ita domus est pars civitatis: civitas autem est communitas perfecta, ut dicitur in I *Polit.* Et ideo sicut bonum unius hominis non est ultimus finis, sed ordinatur ad commune bonum; ita etiam et bonum unius domus ordinatur ad bonum unius civitatis, quae est communitas perfecta. Unde ille qui gubernat aliquam familiam, potest quidem facere aliqua praecepta vel statuta; non tamen quae proprie habeant rationem legis.

11） *S. T.* I-II, q.1, a.5, c. 第一部第一章註（5）参照。

12） Nemeth 2001, pp.103-105参照。

13） Sigmund 1971, pp.43-45参照。

14） MacIntyre 1988, pp.205-206; Mulgan 1977, pp.13-17; Owens 1993, p.40参照。

15） Honnefelder 2002, pp.429-430; Hutchins 1949, pp.14-15; Maritain 1998, pp.196-197; Pegis 1980, pp.81-84参照。

16） Copleston 1950, pp.412-413; Kossel 2002a, pp.170-171; Westberg 2002, pp.97-98; 稲垣 1961, pp.72-78参照。

17） 齋藤は，公共性と共同体の関係について，「共同体が閉じた領域をつくるのに対して，公共性は誰でもがアクセスしうる空間である」，「公共性は，共同体のような等質な価値に充たされた空間ではない」，「アイデンティティ（同質性）の空間ではない公共性は，共同体のように一元的・排他的な帰属を求めない」というような点を挙げて，公共性を共同体から区別している（齋藤 2000, pp.5-6）。この場合の「共同体」が何を意味するかは問題であるが，「共同善への運動」という点から，共同体そのものはこの運動に即して開かれていると考えられる。また，アンダーソンによる「想像された共同体」という規定（Anderson 2006, pp.6-7）は，たしかにナショナリズムに関しては妥当するとしても，共同体全般にまで当てはまるとは考えがたい。むしろ，新たに「創造された共同体」が，今後求められなければならない。現在の共同体論そのものにも，多くの問題が認められるが（Sandel 2005, pp.252-260参照），我々は「聖ベネディクトゥスを待ち望んでいる」（MacIntyre 1981, p.263）のである。なお，トマスの思想に関しては，稲垣 1997, pp.357-360参照。

### Ⅱ-3　共同体と秩序

1） *In I Polit.*, l. 1, n.39. 第二部第一章註（6）参照。

2） *S. T.* I, q.30, a.4, c. 第一部第三章註（13）参照。

3） *S. T.* II-II, q.64, a.2, c. 第一部第三章註（9）参照。

4） *S. T.* II-II, q.58, a.9, ad 3. 第一部第三章註（12）参照。

5） *S. T.* I-II, q.21, a.3, ad 2. 第一部第二章註（12）参照。

6） 註（2）参照。

7） 註（1）参照。

8） *S. T.* I, q.29, a.1, c. 第一部第三章註（2）参照。

9） 註（3）参照。

10） *S. T.* I-II, q.90, a.2, c. 第二部第一章註（13）参照。
11） *In I Polit.,* l.1, n.31. 第二部第二章註（7）参照。
12） *S. T.* I-II, q.90, a.1, c. 第二部第一章註（14）参照。
13） *S. T.* I-II, q.51, a.2, c. 第一部第二章註（14）参照。
14） *S. T.* I-II, q.49, a.3, c. 第一部第二章註（17）参照。
15） *S. T.* II-II, q.58, a.5, c. Manifestum est autem quod omnes qui sub communitate aliqua continentur comparantur ad communitatem sicut partes ad totum. Pars autem id quod est totius est: unde et quolibet bonum partis est ordinabile in bonum totius. Secundum hoc igitur bonum cuiuslibet virtutis, sive ordinantis aliquem hominem ad seipsum sive ordinantis ipsum ad aliquas alias personas singulares, est referibile ad bonum commune, ad quod ordinat iustitia. Et secundum hoc actus omnium virtutum possunt ad iustitiam pertinere, secundum quod ordinat hominem ad bonum commune. Et quantum ad hoc iustitia dicitur virtus generalis. Et quia ad legem pertinet ordinare in bonum commune, ut supra habitum est（I-II, q.90, a.2）, inde est quod talis iustitia, praedicto modo generalis, dicitur iustitia legalis: quia scilicet per eam homo concordat legi ordinanti actus omnium virtutum in bonum commune.なお，この個所に関しては，Fox 2003, pp.408-409参照。
16） 註（10）参照。
17） 註（10）参照。
18） *In I Polit.,* l.1,n.11. 第二部第二章註（8）参照。
19） *S. T.* I-II, q.90, a.3, ad 3. 第二部第二章註（10）参照。
20） 註（18）参照。
21） *S. T.* I-II, q.1, a.1, c.序註（7）参照。
22） Penta 1942, p.116参照。
23） O'Meara 1997, p.221参照。

### Ⅲ-1 自然法と習慣

1） *In I Polit.,* l.1, n.39. 第二部第一章註（6）参照。
2） *S. T.* II-II, q.64, a.2, c. 第一部第三章註（9）参照。
3） S. *T.* II-II, q.58, a.9, ad 3. 第一部第三章註（12）参照。
4） なお，トマスにおける自然哲学の特質に関しては，Elders 1982,p.130; Melsen 1982, pp.79-81; Principe 1991, pp.175-177; Reitan 1991, pp.189-190; Wallace 1982, p.27参照。
5） *S. T.* I-II, q.1, a.1, c.序註（7）参照。
6） *S. T.* I, q.82, a.1, c. 第一部第一章註（2）参照。
7） *S. T.*I-II, q.1, a.5, c. 第一部第一章註（5）参照。
8） *S. T.*I, q.82, a.1, ad 3. 第一部第二章註（5）参照。
9） *S. T.* I-II, q.1, a.3, c. 第一部第一章註（12）参照。
10） *S. T.* I-II, q.90, a.2, c. 第二部第一章註（13）参照。
11） *S. T.* II-II, q.58, a.5, c. 第二部第三章註（15）参照。
12） *S. T.* I-II, q.21, a.3, ad 2. 第一部第二章註（12）参照。

13） *S. T.* I-II, q.49 a.3, c. 第一部第二章註（17）参照。

14） 註（11）参照。

15） *S. T.* I-II, q.54, a.3, c. habitus specie distinguuntur non solum secundum obiecta et principia activa, sed etiam in ordine ad naturam. Quod quidem contingit dupliciter. Uno modo, secundum convenientiam ad naturam, vel etiam secundum disconvenientiam ab ipsa. Et hoc modo distinguuntur specie habitus bonus et malus; nam habitus bonus dicitur qui disponit ad actum convenientem naturae agentis; habitus autem malus dicitur qui disponit ad actum non convenientem naturae. Sicut actus virtutum naturae humanae conveniunt, eo quod sunt secundum rationem: actus vero vitiorum, cum sint contra rationem, a natura humana discordant. Et sic manifestum est quod secundum differentiam boni et mali, habitus specie distinguuntur. なお，この個所に関しては，Torrell 2005, pp.31-33参照。

16） Driscoll 1948, pp.3213-3215; McCabe 1948, pp.3240-3245参照。

17） *S. T.* I, q.29, a.1, c. 第一部第三章註（2）参照。

18） *S. T.* I-II, q.91, a.2, c. manifestum est quod omnia participant aliqualiter legem aeternam, inquantum scilicet ex impressione eius habent inclinationes in proprios actus et fines. Inter cetera autem, rationalis creatura excellentiori quodam modo divinae providentiae subiacet, inquantum et ipsa fit providentiae particeps, sibi ipsi et aliis providens. Unde et in ipsa participatur ratio aeterna, per quam habet naturalem inclinationem ad debitum actum et finem. Et talis participatio legis aeternae in rationali creatura lex naturalis dicitur. なお，この個所に関しては，Kerr 2005, pp.251-253；Selman 2007,pp.139-141参照。

19） *S. T.* I-II, q.91, a.1, c. Et ideo ipsa ratio gubernationis rerum in Deo sicut in principe universitatis existens, legis habet rationem. Et quia divina ratio nihil concipit ex tempore, sed habet aeternum conceptum, ut dicitur *Prov.*8, [23]; inde est quod huiusmodi legem oportet dicere aeternam.

20） Baldner 1991, pp.17-29; Deck 1969, pp.239-240; Kenny 1980, pp.59-60; McCormick 1947, pp.5-6参照。ここに，アリストテレスとの違いが明白である。Dewan 1991, pp.42-43; Kenny 1999, p.23; Wallace 1991, pp.277-279参照。また，この点で，カントとも大きく異なっている。Donagan 1969, pp.329-331参照。

21） Kerr 2002a, p.112; Freddoso 1988, pp.100-104; Stone 2002, p.199; Wolfe 2004, p.200参照。

22） 註（5）参照。

23） Davies 1992, pp.244-247参照。

24） 分有の意味に関しては，Elders 1993, pp.139-140; Hart 1959, pp.314-316; Koterski 2004, pp.117-119; Velde 1995, pp.281-283; Wippel 1993, pp.93-99参照。また，ロジャー・ベーコンとの違いに関しては，Hackett 1991, p.56参照。

25） Hittinger 2004, pp.265-266参照。

26） Long 2004, p.116参照。また，アリストテレスとの違いに関しては，Sigmund 2002, pp. 331-333参照。

27） McInerny 1977, pp.63-64参照。

28) Clancy 1948,pp.3274-3275参照。

29) *S. T.* I-II, q.93, a.6, c. et iterum unicuique rationali creaturae inest naturalis inclinatio ad id quod est consonum legi aeternae; sumus enim innati ad habendum virtutes, ut dicitur in II *Ethic*.

30) 註（8）参照。

31) 註（9）参照。

32) 註（10）参照。

33) Hibbs 2002, pp.417-419; McInerny 1982, pp.46-48; Stump･Kretzmann 1988, pp.281-296参照。

34) かかる自由の意味に関しては，Pinckaers 1987,pp.19-20参照。

35) *S. T.* I-II, q.94, a.1, c. aliquid potest dici esse habitus dupliciter. Uno modo, proprie et essentialiter: et sic lex naturalis non est habitus. Dictum est enim supra（q.90, a.1, ad 2）quod lex naturalis est aliquid per rationem constitutum: sicut etiam propositio est quoddam opus rationis. Non est autem idem quod quis agit, et quo quis agit: aliquis enim per habitum grammaticae agit orationem congruam. Cum igitur habitus sit quo quis agit, non potest esse quod lex aliqua sit habitus proprie et essentialiter. Alio modo potest dici habitus id quod habitu tenetur: sicut dicitur fides id quod fide tenetur. Et hoc modo, quia praecepta legis naturalis quandoque considerantur in actu a ratione, quandoque autem sunt in ea habitualiter tantum, secundum hunc modum potest dici quod lex naturalis sit habitus. Sicut etiam principia indemonstrabilia in speculativis non sunt ipse habitus principiorum, sed sunt principia quorum est habitus.

36) *S. T.* I-II, q.90, a.1, c. 第二部第一章註（14）参照。

37) *S. T.* I-II, q.51, a.2, c. 第一部第二章註（14）参照。

## Ⅲ-2 自然法と共同善

1) *S. T.* I-II, q.91, a.2, c. 第三部第一章註（18）参照。

2) *S. T.* I-II, q.94, a.1, c. 第三部第一章註（35）参照。

3) *S. T.* II-II, q.58, a.5, c. 第二部第三章註（15）参照。

4) 註（2）参照。

5) *S. T.* I-II, q.94, a.2, c. Sicut autem ens est primum quod cadit in apprehensione simpliciter, ita bonum est primum quod cadit in apprehensione practicae rationis, quae ordinatur ad opus: omne enim agens agit propter finem, qui habet rationem boni. Et ideo primum principium in ratione practica est quod fundatur supra rationem boni, quae est, bonum est quod omnia appetunt. Hoc est ergo primum praeceptum legis, quod bonum est faciendum et prosequendum, et malum vitandum. Et super hoc fundantur omnia alia praecepta legis naturae: ut scilicet omnia illa facienda vel vitanda pertineant ad praecepta legis naturae, quae ratio practica naturaliter apprehendit esse bona humana.

6) *S. T.* I-II, q.1, a.1, c.序註（7）参照。

7) その意味で，自然法の規定は意志のはたらきに先行しなければならない。Grisez 1969, pp.377-379参照。

8) *S. T.* I-II, q.94, a.2, c. Quia vero bonum habet rationem finis, malum autem rationem contrarii,

inde est quod omnia illa ad quae homo habet naturalem inclinationem, ratio naturaliter apprehendit ut bona, et per consequens ut opere prosequenda, et contraria eorum ut mala et vitanda. Secundum igitur ordinem inclinationum naturalium, est ordo praeceptorum legis naturae.

9) Latkovic 2004, p.158; Porter 1999, pp92-93参照。

10) *S. T.* I-II, q.94, a.2, c. Inest enim primo inclinatio homini ad bonum secundum naturam in qua communicat cum omnibus substantiis: prout scilicet quaelibet substantia appetit conservationem sui esse secundum suam naturam. Et secundum hanc inclinationem, pertinent ad legem naturalem ea per quae vita hominis conservatur, et contrarium impeditur.－Secundo inest homini inclinatio ad aliqua magis specialia, secundum naturam in qua communicat cum ceteris animalibus. Et secundum hoc, dicuntur ea esse de lege naturali quae natura omnia animalia docuit, ut est coniunctio maris et feminae, et educatio liberorum, et similia.－Tertio modo inest homini inclinatio ad bonum secundum naturam rationis, quae est sibi propria: sicut homo habet naturalem inclina tionem ad hoc quod veritatem cognoscat de Deo, et ad hoc quod in societate vivat. Et secundum hoc, ad legem naturalem pertinent ea quae ad huiusmodi inclinationem spectant. なお，この個所 spectant に関しては，野尻 2006, pp.46-48参照。

11) Spanneut 1984, pp.60-61参照。この意味で，社会的であるということは，選択ではなく我々の本性に係わっている。McInerny 1992, pp.119-121参照。

12) この意味で，自然法は倫理の基礎である。Aertsen 1987, pp.109-112; Hood 1995, pp.46-47; 水波 2005, pp.196-215参照。

13) *S. T.* I-II, q.93, a.6, c. 第三部第一章註（29）参照。

14) この点に関しては，Maritain 1955, pp.45-47参照。

15) *S. T.* I-II, q.94, a.3, c. de actibus virtuosis dupliciter loqui possumus: uno modo, inquantum sunt virtuosi; alio modo, inquantum sunt tales actus in propriis speciebus considerati. Si igitur loquamur de actibus virtutum inquantum sunt virtuosi, sic omnes actus virtuosi pertinent ad legem naturae. Dictum est enim（q.94, a.2）quod ad legem naturae pertinet omne illud ad quod homo inclinatur secundum suam naturam. Inclinatur autem unumquodque naturaliter ad operationem sibi convenientem secundum suam formam: sicut ignis ad calefaciendum. Unde cum anima rationalis sit propria forma hominis, naturalis inclinatio inest cuilibet homini ad hoc quod agat secundum rationem. Et hoc est agere secundum virtutem. Unde secundum hoc, omnes actus virtutum sunt de lege naturali: dictat enim hoc naturaliter unicuique propria ratio, ut virtuose agat.－Sed si loquamur de actibus virtuosis secundum seipsos, prout scilicet in propriis speciebus considerantur, sic non omnes actus virtuosi sunt de lege naturae. Multa enim secundum virtutem fiunt, ad quae natura non primo inclinat; sed per rationis inquisitionem ea homines adinvenerunt, quasi utilia ad bene vivendum.

16) *S. T.* I-II, q.54, a.3, c. 第三部第一章註（15）参照。。

17) *S. T.* I-II, q.1, a.5, c. 第一部第一章註（5）参照。

18) *S. T.* I-II, q.1, a.3, c. 第一部第一章註（12）参照。

19) 註（16）参照。

20) *S. T.* I-II, q.90, a.2, c. 第二部第一章註（13）参照。

21） 註（13）参照。

22） Nemeth 2001, pp.18-19参照。

### Ⅲ-3 共同体と自然法

1） *S. T.* I-II, q.91, a.2, c. 第三部第一章註（18）参照。

2） *S. T.* I-II, q.91, a.1, c. 第三部第一章註（19）参照。

3） *S. T.* I, q.29, a.1, c. 第一部第三章註（2）参照

4） *S. T.* I-II, q.1, a.5, c. 第一部第一章註（5）参照。

5） *S. T.* I-II, q.90, a.3, ad 3. 第二部第二章註（10）参照。

6） *S. T.* I-II, q.93, a.6, c. 第三部第一章註（29）参照。

7） *S. T.* I-II, q.94, a.3, c. 第三部第二章註（15）参照。

8） *S. T.* I-II, q.94, a.2, c. 第三部第二章註（10）参照。

9） *S. T.* II-II, q.64, a.2, c. 第一部第三章註（9）参照。

10） 註（7）参照。

11） *S. T.* I-II, q.90, a.2, c. 第二部第一章註（13）参照。

12） 筆者が「所有」について考察することになった，直接的な契機は，今から半世紀ほど前に書かれた，『キリスト教所有権思想の研究』（五百旗頭 2002）という書物に出会ったことである。この書物は，神戸大学名誉教授であった著者の学位論文（1957年）であり，「所有権問題自体の原理的な研究」ではなく，「経済思想史研究の一環として，特にキリスト教所有権観を思想史的に究明すること」を目的としている。著者は，私的所有権との関連で重要な点として，自然法における，実践理性の最も一般的な原理や規定及びそこから導き出される「第一次的規定」と，特定の種類の行為を対象とする「第二次的規定」との区別を挙げ，かかる区別をもとに，「私的所有権は，（一）自然法によらず，（二）実定法によるものであり，（三）自然法に付加されたものである」と規定している。すなわち，私的所有権は，「人間の自然的諸傾向と人間の物財所有の自然的意味とから原理に近い結論の仕方で導出される合自然的なものとして自然法の第二次的規定に属する」が，それはある時代ある社会において細目的に規定された特定の私的所有権制と同じものではなく，「自然法に基礎づけられる」と同時に，「自然法に基づいて正当に変革されうべきもの」に他ならない。この結論は，現在においても，きわめて重要な指針であると言えよう。所有権を巡る正義を確定する際には，何がより自然法の上位の規定に合致するかを，見極めなければならないからである（詳しくは，佐々木 2003b, pp.147-151参照）。

13） ケテラー 2004, p.54.

14） *Oxford Latin Dictionary,* ed. Glare, P. G. W., Clarendon 1982, p.571.

15） *S. T.* III, q.20, a.1, ad 2. 第一部第一章註（8）参照。

16） *S. T.* I-II, q.1, a.3, c. 第一部第一章註（12）参照。

17） *S. T.* II-II, q.66, a.1, c. res exterior potest dupliciter considerari. Uno modo, quantum ad eius naturam: quae non subiacet humanae potestati, sed solum divinae, cui omnia ad nutum obediunt. Alio modo, quantum ad usum ipsius rei. Et sic habet homo naturale dominium exteriorum rerum:

quia per rationem et voluntatem potest uti rebus exterioribus ad suam utilitatem, quasi propter se factis; semper enim imperfectiora sunt propter perfectiora, ut supra habitum est（q.64, a.1）.

18） *S. T.* I, q.82, a.1 ,c. 第一部第一章註（2）参照。

19） 註（4）参照。

20） *S. T.* I-II, q.1, a.1, c.序註（7）参照。

21） McCullough 1991, p.145参照。

22） *S. T.* II-II, q.66, a.2, c. circa rem exteriorem duo competunt homini. Quorum unum est potestas procurandi et dispensandi. Et quantum ad hoc licitum est quod homo propria possideat...... Aliud vero quod competit homini circa res exteriores est usus ipsarum. Et quantum ad hoc non debet homo habere res exteriores ut proprias, sed ut communes.

23） 註（7）参照。

24） Boler 1999,pp.178-181参照。

25） *S. T.* II-II, q.58, a.5, c. 第二部第三章註（15）参照。

26） *S. T.* I-II, q.21, a.3, ad 2. 第一部第二章註（12）参照。。

27） *S. T.* I-II, q.51, a.2, c. 第一部第二章註（14）参照。

28） *In I Polit.,* l.1, n.39. 第二部第一章註（6）参照。

29） 註（25）参照。

30） *S. T.* II-II, q.58, a.9, ad 3. 第一部第三章註（12）参照。

### Ⅳ-1　他者と正義

1） *S. T.* I-II, q.1, a.1, c.序註（7）参照。

2） *S. T.* I-II, q.54, a.3, c. 第三部第一章註（15）参照。

3） *S. T.* I-II, q.21, a.3, ad 2. 第一部第二章註（12）参照。

4） *S. T.* I, q.29, a.1, c. 第一部第三章註（2）参照。

5） *S. T.* II-II, q.58, a.5, c. 第二部第三章註（15）参照。

6） *S. T.* II-II, q.57, a.1, c. iustitiae proprium est inter alias virtutes ut ordinet hominem in his quae sunt ad alterum. Importat enim aequalitatem quandam, ut ipsum ut ipsum nomen demonstrat: dicuntur enim vulgariter ea quae adaequantur iustari. Aequalitas autem ad alterum est. Aliae autem virtutes perficiunt hominem solum in his quae ei conveniunt secundum seipsum. Sic igitur illud quod est rectum in operibus aliarum virtutum, ad quod tendit intentio virtutis quasi in proprium obiectum, non accipitur nisi per comparationem ad agentem. Rectum vero quod est in opere iustitiae, etiam praeter comparationem ad agentem, constituitur per comparationem ad alium...... Et propter hoc specialiter iustitiae prae aliis virtutibus determinatur secundum se obiectum, quod vocatur iustum. Et hoc quidem est ius. Unde manifestum est quod ius est obiectum iustitiae.

7） 註（2）参照。

8） Brock 1998, pp.194-196; Healy 2003, p.156参照。

9） この場合の権利の意味に関しては，Finnis 1987, p.43参照。

10） *S. T.* II-II, q.64, a.2, c. 第一部第三章註（9）参照。

11） *S. T.* II-II, q.58, a.2, c. cum nomen iustitiae aequalitatem importet, ex sua ratione iustitia habet quod sit ad alterum: nihil enim est sibi aequale, sed alteri. Et quia ad iustitiam pertinet actus humanos rectificare, ut dictum est（I-II, q.60, a.2; q.61, a.3; q.113, a.1）, necesse est quod alietas ista quam requirit iustitia, sit diversorum agere potentium. Actiones autem sunt suppositorum et totorum, non autem, proprie loquendo, partium et formarum, seu potentiarum: non enim proprie dicitur quod manus percutiat, sed homo per manum; neque proprie dicitur quod calor calefaciat, sed ignis per calorem. Secundum tamen similitudinem quandam haec dicuntur. Iustitia ergo proprie dicta requirit diversitatem suppositorum: et ideo non est nisi unius hominis ad alium.

12） *S. T.* II-II, q.57 a.4, c. ius, sive iustum, dicitur per commensurationem ad alterum. Alterum autem potest dici dupliciter. Uno modo, quod simpliciter est alterum, sicut quod est omnimo dis tinctum: sicut apparet in duobus hominibus quorum unus non est sub altero, sed ambo sunt sub uno principe civitatis. Et inter tales, secundum Philophum, in *V Ethic.*, est simpliciter iustum. - Alio modo dicitur aliquid alterum non simpliciter, sed quasi aliquid eius existens. Et hoc modo in rebus humanis filius est aliquid patris, quia quodammodo est pars eius, ut dicitur in VIII *Ethic.*; et servus est aliquid domini, quia est instrumentum eius, ut dicitur in I *Polit.* Et ideo patris ad filium non est comparatio sicut ad simpliciter alterum: et propter hoc non est ibi simpliciter ius tum, sed quoddam iustum, scilicet paternum. Et eadem ratione nec inter dominum et servum: sed est inter eos dominativum iustum.

13） *S. T.* II-II, q.104, a.5, c. Tenetur autem homo homini obedire in his quae exterius per corpus sunt agenda. In quibus tamen etiam, secundum ea quae ad naturam corporis pertinent, homo homini obedire non tenetur, sed solum Deo, quia omnes homines natura sunt pares:..... －Sed in his quae pertinent ad dispositionem actuum et rerum humanarum, tenetur subditus suo superiori obedire secundum rationem superioritatis: sicut miles duci exercitus in his quae pertinent ad bellum; servus domino in his quae pertinent ad servilia opera exequenda; filius patri in his quae pertinent ad disciplinam vitae et curam domesticam; et sic de aliis.

14） Macierowski 2004, pp.132-133; Pope 2002, pp.39-40参照。

15） *S. T.* II-II, q.57, a.4, ad 2. filius, inquantum est filius, est aliquid patris; et similiter servus, inquantum servus, est aliquid domini. Uterque tamen prout consideratur ut quidam homo, est aliquid secundum se subsistens ab aliis distinctum. Et ideo inquantum uterque est homo, aliquo modo ad eos est iustitia.

16） 佐々木 2005, pp.126-134参照。

17） Kretzmann 1999, pp.130-136参照。

### Ⅳ-2 自然法と正義

1） *S. T.* II-II, q.57, a.1, c. 第四部第一章註（6）参照。

2） *S. T.* I-II, q.94 ,a.3, c. 第三部第二章註（15）参照。

3） *S. T.* I-II, q.94, a.2, c. 第三部第二章註（10）参照。

4） *S. T.* I-II, q.21, a.3, ad 2. 第一部第二章註（12）参照。

5） *S. T.* I, q.29, a.1, c. 第一部第三章註（2）参照。

6) *S. T.* II-II, q.58, a.5, c. 第二部第三章註（15）参照。
7) *S. T.* II-II, q.64, a.2, c. 第一部第三章註（9）参照。
8) *S. T.*II-II, q.58, a.2, c. 第四部第一章註（11）参照。
9) Tooke 1965, p.164参照。
10) 註（1）参照。
11) Porter 1990, p.125参照。
12) *S. T.* I-II, q.90, a.2, c. 第二部第一章註（13）参照。
13) 註（6）参照。
14) *S. T.* I-II, q.94, a.2, c. 第三部第二章註（5）参照。
15) *S. T.* I-II, q.1, a.1, c.序註（7）参照。
16) *S. T.* I-II, q.94, a.2, c. 第三部第二章註（8）参照。
17) *S. T.* II-II, q.58, a.10, c. Sed materia iustitiae est exterior operatio secundum quod ipsa, vel res cuius est usus, debitam proportionem habet ad aliam personam. Et ideo medium iustitiae consistit in quadam proportionis aequalitate rei exterioris ad personam exteriorem. Aequale autem est realiter medium inter maius et minus, ut dicitur in X *Metaphys*. Unde iustitia habet medium rei.
18) 註（8）参照。

### Ⅳ-3 共同体と正義

1) *S. T.* I-II, q.91 ,a.2, c. 第三部第一章註（18）参照。
2) *S. T.* I-II, q.93, a.6, c. 第三部第一章註（29）参照。
3) *S. T.* II-II, q.57, a.1, c. 第四部第一章註（6）参照。
4) *S. T.* II-II, q.58, a.10, c. 第四部第二章註（17）参照。
5) *S. T.* II-II, q.58, a.5, c. 第二部第三章註（15）参照。
6) *S. T.* I-II, q.94, a.3, c. 第三部第二章註（15）参照。
7) *S. T.* II-II, q.58, a.7, c. iustitia legalis non est essentialiter omnis virtus, sed oportet praeter iustitiam legalem, quae ordinat hominem immediate ad bonum commune, esse alias virtutes quae immediate ordinant hominem circa particularia bona. Quae quidem possunt esse vel ad seipsum, vel ad alteram singularem personam. Sicut ergo praeter iustitiam legalem oportet esse aliquas virtutes particulares quae ordinant hominem in seipso, puta temperantiam et fortitudinem; ita etiam praeter iustitiam legalem oportet esse particularem quandam iustitiam, quae ordinet hominem circa ea quae sunt ad alteram singularem personam.
8) 註（5）参照。
9) 註（6）参照。
10) *S. T.* II-II, q.58, a.2, c. 第四部第一章註（11）参照。
11) *S. T.* II-II, q.64, a.2, c. 第一部第三章註（9）参照。
12) *S. T.* II-II, q.61, a.1, c. 第一部第三章註（8）参照。
13) 註（6）参照。
14) *S. T.* II-II, q.58, a.7, ad 1. iustitia legalis sufficienter quidem ordinat hominem in his quae sunt ad alterum, quantum ad commune quidem bonum, immediate; quantum autem ad bonum

unius singularis personae, mediate. Et ideo oportet esse aliquam particularem iustitiam, quae immediate ordinet hominem ad bonum alterius singularis personae.

15） *S. T.* II-II, q.58, a.9, ad 3. 第一部第三章註（12）参照。

16） *S. T.* II-II, q.61, a.1, c. iustitia particularis ordinatur ad aliquam privatam personam, quae comparatur ad communitatem sicut pars ad totum. Potest autem ad aliquam partem duplex ordo attendi. Unus quidem partis ad partem: cui similis est ordo unius privatae personae ad aliam. Et hunc ordinem dirigit commutativa iustitia, quae consistit, in his quae mutuo fiunt inter duas personas ad invicem. Alius ordo attenditur totius ad partes: et huic ordini assimilatur ordo eius quod est commune ad singulas personas. Quem quidem ordinem dirigit iustitia distributiva, quae est distributiva communium secundum proportionalitatem. Et ideo duae sunt iustitiae species, scilicet commutativa et distributiva.

17） Finnis 1998, p.215; Gilby 1958, pp.222-223; McInerny 1996, pp.143-145; Sertillanges 1961, pp.179-181; Stump・Kretzmann 2002, pp.311-312参照。

18） *S. T.* I, q.21, a.1, c. duplex est species iustitiae. Una, quae consistit in mutua datione et acceptione. ut puta quae consistit in emptione et venditione, et aliia huiusmodi communicationibus vel commutationibus. Et haec dicitur a Philosopho, in V *Ethic*. iustitia commutativa, vel directiva commutationum sive communicationum. Et haec non competit Deo: quia, ut dicit Apostolus, *Rom*.11,［35］: quis prior dedit illi, et retribuetur ei? Alia, quae consistit in distribuendo: et dicitur distributiva iustitia, secundum quam aliquis gubernator vel dispensator dat unicuique secundum suam dignitatem.

19） Stump 2003, pp.316-318参照。

20） *S. T.* II-II, q.58, a.12, c. si loquamur de iustitia legali, manifestum est quod ipsa est praeclarior inter omnes virtutes morales: inquantum bonum commune praeeminet bono singulari unius personae. Et secundum hoc Philosophus, in V *Ethic*, dicit quod praecularissima virtutum videtur esse iustitia, et neque est Hesperus neque Lucifer ita admirabilis. Sed etiam si loquamur de iustitia particulari, praecellit inter alias virtutes morales, duplici ratione. Quarum prima potest sumi ex parte subiecti: quia scilicet est in nobiliori parte animae, idest in appetitu rationali, scilicet voluntate; aliis virtutibus moralibus existentibus in appetitu sensitivo, ad quem pertinent passiones, quae sunt materia aliarum virtutum moralium. －Secunda ratio sumitur ex parte obiecti. Nam aliae virtutes laudantur solum secundum bonum ipsius virtuosi. Iustitia autem laudatur secundum quod virtuosus ad alium bene se habet: et sic iustitia quodammodo est bonum alterius, ut dicitur in V *Ethic*.

### V-1　自己－他者－共同体

1） *S. T.* I-II, q.1, a.1, c.序註（7）参照。

2） *S. T.* I, q.29, a.1, c. 第一部第三章註（2）参照。

3） *S. T.* I, q.82, a.1, c. 第一部第一章註（2）参照。

4） *S. T.* I-II, q.1, a.5, c. 第一部第一章註（5）参照。

5） Merriell 1990, p.189参照。

6） *S. T.* II-II, q.64, a.2, c. 第一部第三章註（9）参照。

7） *S. T.* I-II, q.94, a.2, c. 第三部第二章註（5）参照。

8） Nemeth 2001, p.109参照。

9） *S. T.* II-II, q.58, a.9, ad 3. 第一部第三章註（12）参照。

10） *In I Polit.,* l.1, n.39. 第二部第一章註（6）参照。

11） *S. T.* I-II, q.21, a.3, ad 2. 第一部第二章註（12）参照。

12） *S. T.* I-II, q.1, a.3, c. 第一部第一章註（12）参照。

13） *S. T.* I-II, q.108, a.1, ad 2. Ille ergo libere aliquid agit qui ex seipso agit. Quod autem homo agit ex habitu suae naturae convenienti, ex seipso agit: quia habitus inclinat in modum naturae. Si vero habitus esset naturae repugnans, homo non ageret secundum quod est ipso, sed secundum aliquam corruptionem sibi supervenientem.

14） *S. T.* I-II, q.54, a.3, c. 第三部第一章註（15）参照。

15） Kenny 1969, pp.268-270; Smith 1956, pp.71-72参照。

16） Murnion 2004, pp.183-187; Pasnau 2002, pp.225-229; Roth 1984, pp.219-221; Zimmermann 1974, pp.158-159参照。

17） Morris 1988, pp.6-8参照。

18） *S. T.* I-II, q.91, a.2, c. 第三部第一章註（18）参照。

19） *S. T.* I-II, q.93, a.6, c. 第三部第一章註（29）参照。

20） George 2004, p.242参照。

21） *S. T.* I-II, q.51, a.2, c. 第一部第二章註（14）参照。

22） 註（12）参照。

23） Gallagher 1994, pp.58-59参照。

24） *S. T.* II-II, q.58, a.5, c. 第二部第三章註（15）参照。

25） *S. T.* I, q.60, a.5, c. inclinatio enim naturalis in his quae sunt sine ratione, demonstrat inclinationem naturalem in voluntate intellectualis naturae. Unumquodque autem in rebus naturalibus, quod secundum naturam hoc ipsum quod est, alterius est, principalius et magis inclinatur in id cuius est, quam in seipsum. Et haec inclinatio naturalis demonstratur ex his quae naturaliter aguntur: quia unumquodque, sicut agitur naturaliter, sic aptum natum est agi, ut dicitur in II *Physic*. Videmus enim quod naturaliter pars se exponit, ad conservationem totius: sicut manus exponitur ictui, absque deliberatione, ad conservationem totius corporis. Et quia ratio imitatur naturam, huiusmodi inclinationem invenimus in virtutibus politicis: est enim virtuosi civis, ut se exponat mortis periculo pro totius respublicae conservatione; et si homo esset naturalis pars huius civitatis, haec inclinatio esset ei naturalis.

26） *S. T.* II-II, q.57, a.1, c. 第四部第一章註（6）参照。

### V-2 共同体の動的構造

1） *S. T.* I, q.60, a.5, c. 第五部第一章註（25）参照。

2） *S. T.* I-II, q.1, a.1, c. 序註（7）参照。

3） *S. T.* I, q.82, a.1, ad 3. 第一部第二章註（5）参照。

4) *S. T.* I-II, q.91, a.2, c. 第三部第一章註（18）参照。
5) *S. T.* I-II, q.108, a.1, ad 2. 第五部第一章註（13）参照。
6) *S. T.* III, q.20, a.1, ad 2. 第一部第一章註（8）参照。
7) *S. T.* I-II, q.1, a.3, c. 第一部第一章註（12）参照。
8) *S. T.* II-II, q.57, a.1, c. 第四部第一章註（6）参照。
9) Cates 2002, pp.324-326; George 2004, p.238; Lonergan 2000, p.353参照。
10) *S. T.* II-II, q.58, a.12, c. 第四部第三章註（20）参照。
11) *S. T.* II-II, q.58, a.5, c. 第二部第三章註（15）参照。
12) *S. T.* II-II, q.61, a.1, c. 第四部第三章註（16）参照。
13) Froelich 1988, p.195; Rhonheimer 2002, pp.287-288参照。
14) *S. T.* II-II, q.58, a.7, ad 1. 第四部第三章註（14）参照。
15) 註（5）参照。
16) *S. T.* I, q.21, a.1, c. 第四部第三章註（18）参照。
17) *S. T.* I-II, q.90, a.3, ad 3. 第二部第二章註（10）参照。
18) *In I Polit.*, l.1, n.31. 第二部第二章註（7）参照。
19) Keenan 1992, pp.27-28参照。
20) 註（12）参照。
21) トマスにおいて配分的正義に関する言及はそれほど多くはないが，このことが，この正義の重要性を否定するものではない。Porter 1990, pp.152-154参照。
22) *In I Polit.*, l.1, n.39. 第二部第一章註（6）参照。
23) 註（16）参照。
24) *In I Polit.*, l.1, n.11. 第二部第二章註（8）参照。
25) なお，この場合の権威の問題に関しては，Simon 1948, pp.15-20参照。
26) 註（24）参照。
27) *S. T.* I-II, q.94, a.2, c. 第三部第二章註（8）参照。
28) 註（14）参照。
29) 註（11）参照。
30) *S. T.* II-II, q.58, a.9, ad 3. 第一部第三章註（12）参照。
31) *S. T.* I-II, q.90, a.2, c. 第二部第一章註（13）参照。
32) *S. T.* I-II, q.54, a.3, c. 第三部第一章註（15）参照。
33) 註（31）参照。
34) Weiss 1963, pp.96-97; 山田1978, pp.532-534参照。

### V-3　共同体と共同善

1) Flannery 2001, pp.136-138参照。
2) *S. T.* I, q.82, a.1, c. 第一部第一章註（2）参照。
3) *S. T.* I-II, q.1, a.5, c. 第一部第一章註（5）参照。
4) *S. T.* I-II, q.1, a.1, c. 序註（7）参照。
5) Aubert 1982, pp.104-106; Gilson 1952, pp.156-157; Hoye 1975, pp.155-157; Leclercq 1955,

p.186; Monahan 1936, pp.218-219参照。

6) 究極的な完全性とは，自然本性を超越したものであると考えられる。Aertsen 1988, p.370; Aillet 1993, pp.297-298; Elders 1984, p.22; Grenz 1994, p.21; Gulley 1964, pp.10-11; McInerny 2004, p.29; Walgrave 1984, pp.214-215; Wallace 1962, pp.149-151参照。しかし，そこには哲学に関する厳密な区別も認められる。Van Steenberghen 1980, pp.86-89; Wellmuth 1944, pp.15-16参照。

7) *S. T.* I, q.29, a.1, c. 第一部第三章註（2）参照。

8) Cooke 1969, pp.61-62; Keating 2004, pp.151-155; Kerr 2002b, p.14; Krämer 2000, pp.326-332; Preller 1967, pp.260-261; Richard 1963, pp.318-319; Walgrave 1987, pp.68-70参照。

9) *S. T.* I, q.30, a.4, c. 第一部第三章註（13）参照。

10) Ashley 2004, p.13参照。

11) *In I Polit.,* l.1, n.39. 第二部第一章註（6）参照。

12) *In I Polit.,* l.1, n.31. 第二部第二章註（7）参照。

13) *In I Polit.,* l.1, n.11. 第二部第二章註（8）参照。

14) *S. T.* II-II, q.58, a.5, c. 第二部第三章註（15）参照。

15) 註（14）参照。

16) *S. T.* II-II, q.58, a.9, ad 3. 第一部第三章註（12）参照。

17) *S. T.* I-II, q.91, a.2, c. 第三部第一章註（18）参照。

18) Bowlin 1999 ,p.117; D'Entrèves 1959, p.21; Genicot 1976, pp.7-8; Hall 1994, pp.24-26; Kerr 2002a, pp.104-107; Kühn 1974, p.23; Nemeth 2001, pp.17-33; Porter 2005, pp.378-400; Schmölz 1959, p.17; Sigmund 1993, p.223; VanDrunen 2003, pp.32-33参照。また，Hall との関係で，May 2004, pp.119-120が興味深い。この超越性は，美的な超越性でもある。Eco 1988, pp.27-29; Grabmann 1925, pp.153-155; Hibbs 2007, pp.147-149参照。

19) *S. T.* I-II, q.94, a.3, c. 第三部第二章註（15）参照。

20) *S. T.* I-II, q.94, a.2, c. 第三部第二章註（10）参照。

21) *S. T.* I-II, q.94, a.1, c. 第三部第一章註（35）参照。

22) Harding 1976, pp.31-32参照。このように，自然法の存在そのものが，超越的可能性に立脚していると言えよう。これに対立する見解として，Lisska 1996, pp.119-120参照。

23) *S. T.* I-II, q.54, a.3, c. 第三部第一章註（15）参照。

24) Selman 1994, pp.84-85参照。

25) McInerny 1984, p.142; Pasnau・Shields 2004, pp.219-220参照。

26) *S. T.* I-II, q.94, a.2, c. 第三部第二章註（5）参照。

27) Kerr 2002a, p.111参照。

28) *S. T.* II-II, q.57, a.1, c. 第四部第一章註（6）参照。

29) *S. T.* II-II, q.58, a.2, c. 第四部第一章註（11）参照。

30) 註（14）参照。

31) DeCrane 2004, pp.58-59参照。

32) *S. T.* I-II, q.90, a.2, c. 第二部第一章註（13）参照。

33) Voegelin 1997, pp.218-220参照。

34) *S. T.* II-II, q.64, a.2, c. 第一部第三章註（9）参照。
35) *S. T.* I-II, q.93, a.6, c. 第三部第一章註（29）参照。
36) *S. T.* I-II, q.108, a.1, ad 2. 第五部第一章註（13）参照。
37) Harris 1977, pp.37-39; Maritain 1942, pp.1-3参照。
38) MacIntyre 2006, pp.81-82参照。
39) *S. T.* I-II, q.1 a.3, c. 第一部第一章註（12）参照。

**結論　トマスにおける共同体論の展望**

1) Smith 2004, p.20参照。
2) Chenu 1978, pp.180-181; Lafont 1961, p.175; Mondin 1975, pp.58-74; Utz 1991, p.25参照。
3) McInerny 1993, pp.208-209参照。
4) McMahon 1948, pp.3187-3196; Meyer 1961, pp.223-233; Shin 1993, p.34参照。
5) Dougherty 1984, p.196; Jolif 1963, pp.42-44; Kerr 2002a, p.117; 稲垣 1981, pp.142-143; 山田 1986, pp.540-542; 山本 1992, pp.158-159参照。
6) *S. T.* I-II, q.91, a.2, c. 第三部第一章註（18）参照。
7) Robb 1974, pp.41-43参照。
8) *S. T.* II-II, q.57, a.4, c. 第四部第一章註（12）参照。
9) *S. T.* II-II, q.57, a.4, ad 2. 第四部第一章註（15）参照。
10) Bobik 2001, pp.89-91; Gilson 1986, p.215; McEvoy 2002, pp.33-37; Wadell 1996, pp.136-140参照。
11) 人間論の展望に関しては，Chesterton 2002, pp.147-165; Haldane 2002, pp.75-76; Henle 1999, pp.308-325; Hibbs 2007, pp.55-56; May 2004, p.125; Pieper 1974, p.69; Rahner 1974, p.43参照。
12) Nemeth 2001, p.28; 稲垣 1970, pp.320-321参照。
13) *S. T.* I-II, q.94, a.2, c. 第三部第二章註（8）参照。
14) *S. T.* II-II, q.64, a.2, c. 第一部第三章註（9）参照。
15) *S. T.* I, q.29, a.1, c. 第一部第三章註（2）参照。
16) *S. T.* II-II, q.58, a.9, ad 3. 第一部第三章註（12）参照。
17) *S. T.* I-II, q.1,a.1, c.序註（7）参照。
18) *S. T.* I-II, q.1, a.3, c. 第一部第一章註（12）参照。
19) *S. T.* I-II, q.90, a.2, c. 第二部第一章註（13）参照。
20) *S. T.* II-II, q.58, a.5, c. 第二部第三章註（15）参照。
21) *S. T.* II-II, q.57, a.1, c. 第四部第一章註（6）参照。
22) *S. T.* II-II, q.58, a.2, c. 第四部第一章註（11）参照。
23) *S. T.* II-II, q.58, a.10, c. 第四部第二章註（17）参照。
24) 註（22）参照。
25) *S. T.* II-II, q.58, a.7, c. 第四部第三章註（7）参照。
26) *S. T.* II-II, q.61, a.1, c. 第四部第三章註（16）参照。

27) *S. T.* I, q.60, a.5, c. 第五部第一章註（25）参照。

28) Newman 1954, p.116; Verpaalen 1954, pp.77-79参照。

29) この点に関しては，Jaffa 1952, pp.167-168; Schmitz 1994, pp.14-15; Walgrave 1976, pp.192-193参照。

30) Woznicki 1990, pp.225-226; リーゼンフーバー 1999, pp.40-41参照。

31) Koninck 1945, pp.67-68; Eschmann 1949, pp.xxxviii-xxxix 参照。この点から，いわゆる「補完性の原則」が，今後実現されるべき課題として捉えられるであろう。足立 2006, pp.202-204; 野尻 1997, pp.116-118; 野尻 2006, pp.175-176, 279-280参照。